心一堂術數古籍珍本叢刊

書名：紫微斗數捷覽（明刊孤本）［原（彩）色本］附 點校本（下）
系列：心一堂術數古籍珍本叢刊 星命類 紫微斗數系列 第二輯 130
作者：馮一、心一堂術數古籍整理編校小組整理
主編、責任編輯：陳劍聰
心一堂術數古籍珍本叢刊編校小組：陳劍聰 素聞 梁松盛 鄒偉才 虛白盧主

出版：心一堂有限公司
通訊地址：香港九龍旺角彌敦道六一〇號荷李活商業中心十八樓〇五—〇六室
深港讀者服務中心：中國深圳市羅湖區立新路六號羅湖商業大厦負一層〇〇八室
電話號碼：(852)67150840
網址：publish.sunyata.cc
電郵：sunyatabook@gmail.com
網店：http://book.sunyata.cc
淘寶店地址：https://shop210782774.taobao.com
微店地址：https://weidian.com/s/1212826297
臉書：https://www.facebook.com/sunyatabook
讀者論壇：http://bbs.sunyata.cc/

版次：二零一六年四月修訂版
平裝：二冊不分售

定價：港幣　九百八十元正
　　　人民幣　九百八十元正
　　　新台幣　四千八百元正

國際書號：ISBN 978-988-8317-12-7

香港發行：香港聯合書刊物流有限公司
地址：香港新界大埔汀麗路36號中華商務印刷大廈3樓
電話號碼：(852)2150-2100
傳真號碼：(852)2407-3062
電郵：info@suplogistics.com.hk

台灣發行：秀威資訊科技股份有限公司
地址：台灣台北市內湖區瑞光路七十六巷六十五號一樓
電話號碼：+886-2-2796-3638
傳真號碼：+886-2-2796-1377
網絡書店：www.bodbooks.com.tw
台灣國家書店讀者服務中心：
地址：台灣台北市中山區松江路二〇九號一樓
電話號碼：+886-2-2518-0207
傳真號碼：+886-2-2518-0778
網絡書店：http://www.govbooks.com.tw

中國大陸發行 零售：深圳心一堂文化傳播有限公司
深圳地址：深圳市羅湖區立新路六號羅湖商業大厦負一層〇〇八室
電話號碼：(86)0755-82224934

心一堂微店二維碼

心一堂淘寶店二維碼

弁言

《新刻纂集紫微斗數捷覽》。題【宋】陳希夷撰、【宋】白玉蟾增輯。四卷。線裝四冊。【明】萬曆九年金陵書坊王氏洛川刊本。原書簽跋云：『此書傳本甚希，萬曆刻尤罕見，不得不重寶之』，此本迄今已逾四百年，爲海内孤本，文獻價值之珍稀，不言而喻。

紫微斗數，國學術數星命學之一種也。此術源於五星術，五星術盛於唐，至宋而衰，至民國廢欽天監，殆亡。而此術於門中秘傳，逮明方興，大抵以虛擬十四正曜及諸輔曜雜曜羅布十二宮，循命限流年宮位順次推衍而占人之禍福休咎。雖不明其所以，然頗有識驗，故迄今與四柱幷行，流行港臺。惜此術傳嗣未廣，典籍零落，學者無所稽考，坊間流傳民國以前的紫微斗數刻本古籍，只見《紫微斗數全書》及《紫微斗數全集》兩種而已。而本書實涉關斗數之最古文獻。是以原校者馮一先生苦心瘁力，奔營求索多年，終於己丑孟秋獲得，費時耗日，辨識戡研，至辛卯仲春初稿竟全功，不負先聖之所傳。後來心一堂術數古籍整理編校小組在馮一先生初稿基礎上，再據虛白廬藏紫微斗數古本，重新校注及整理又數年，才最終定稿。幷書校記如下：

一、本書前身是馮一先生校注初稿，是採用【明】萬曆《新刻纂集紫微斗數捷覽》為底本，再綜合另外兩種紫微斗數古籍的坊本，打造出一個紫微斗數的新版本。内容上按其文義、聲韻等，或採取《紫微斗數捷覽》，或採用《紫微斗數全書》，或採用《紫微斗數全集》，綜合三種紫微斗數古籍而成。而在《紫微斗數捷覽》沒有的內容：如《太微賦幷注解》、《增補太微賦》、《撮要六問斷》、《百字千金訣》等，則從《紫微斗數全書》及《紫微斗數全集》補入。在《紫微斗數捷覽》卷三命盤部份，改以現代電腦的命盤代替。全稿改以簡體字橫排，以適應中國大陸普遍讀者。故此馮一先生校注本初稿可說《紫微斗數捷覽》、《紫微斗數全書》、《紫微斗數全集》三書的綜合普及新版本。以上是介紹初稿的情況。

二、是次《新刻纂集紫微斗數捷覽》整理本，是心一堂術數古籍整理編校小組在馮一先生初稿基礎上再重新整理，目的是最大程度保留及還原【明】萬曆本《新刻纂集紫微斗數捷覽》的本來面目。保留《新刻纂集紫微斗數捷覽》其海內孤本的文獻學上及內容上的價值。

三、本書前身馮一先生校注初稿本，當時限於條件，只能以坊間錯漏不少的重排本《紫微斗數全集》及《紫微斗數全書》，以校本書《新刻纂集紫微斗數捷覽》。是次心一堂術數古籍整理小組則有幸採用了虛白廬藏【清】文誠堂刊本《紫微斗數全書》（書中簡稱《文本斗數全書》）、虛白廬藏【清】連元閣刊本《紫微斗數全集》（書中簡稱《連本斗數全集》），在馮一先生校注基礎上，以另外兩種紫微斗數古籍善本校注，注出與內文不一之處，但不更動《斗數捷覽》原文。

四、《新刻纂集紫微斗數捷覽》原本尾數頁已殘，缺漏之文依原本目次從虛白廬藏【清】連元閣刊本《紫微斗數全集》補入。補入內容加以【】標出。

五、原刻本異體字，悉改以通行字體，不另注出。

六、所關圖表皆遵循原本樣式，以存原貌。

七、缺字、殘字、漶漫之字以□標出，出注以明其狀。

八、本書整理本的標點，是原校注者馮一先生以斷句的形式在《斗數捷覽》原書上加之簡單標點，并非嚴格的現代標點。是次再整理仍大致沿用原校注者馮一先生之標點。

九、本整理本附於《新刻纂集紫微斗數捷覽》的原色修復本之下冊。方便對比研究。

辛卯清明後生馮一識於微夷堂（初稿）

二零一五年十二月心一堂術數古籍整理編校小組修定

簽跋

紫微斗數一卷，見千頃堂書目，未著何人輯。此有四卷，係明陳道傳本，羅洪先序甚詳晰，所謂陳希夷著者，僞托也。羅序其二，疑不真，書坊籍以爲重耳。但此書傳本甚希，萬曆刻尤罕見，不得不重寶之。

庚午臘月　叔平識①

①下有『城南草堂所藏善本』篆書印

叙紫微斗數

嘗聞命之理微，鮮有知之真而順受之者。余竊謂功名富貴，有命存焉，遂捐厥職，訪道學者以爲之宗。行抵華山下，詢知宋希夷公曾得道於茲矣。因陟其巔，謁其祠。將返，見一緇冠藍袍者，年雖弱冠，實有老成持重態，遂進禮焉。出書示余，余問其人，則曰希夷公十八世孫也，問其書，則曰希夷公所著紫微斗數集也。

始觀其排列星辰，猶不省其所以，既而讀其論，論則有理道，玩其斷，斷則有神驗。即以賤降試之，果毫髮不爽，於是喟然嘆曰：造化至玄也，而卒闡明之若對鑒焉，非心涵造化者能之乎？星辰至遠也，而卒指示之若運掌焉，非胸藏星斗者能之乎？天位乎上，地位乎下，而人則藐焉於中者，先生則以天合之人，人合之天，即星辰之變化，而知人命之休咎，是非學貫天人而一之者，又孰能之乎？猗歟休哉！先生真高人也，神人也，不然，胡爲乎而有是高志，又胡爲乎而有是神數也耶？子盍持之遍示天下，俾世之人知有命而順受之，可也。胡迺祖作之而子秘之，則繼述之道安在哉？

請志余言以弁是書之首。時陳子去希夷公一十八代，諱道，别號了然，年方二十有六。

時嘉靖庚戌年春三月既望之吉

賜進士及第吉水念庵羅洪先撰序畢①

①下有印章二款

新刻纂集紫微斗數捷覽序

夫紫微斗數肇自希夷隱迹華山之陽，仰觀南北星辰，俯斷人生造化。何也？蓋南斗司祿，北斗司壽，而身命主照之星係之。凡富貴貧賤壽夭窮通莫逃乎理，即莫逃乎數矣。是以排列星辰，纂集成帙，灼然電布，學者理弗融而要弗領，往往以術數目之，噫，是將長夜萬古矣，豈先生垂世之心哉？

余以素志者，嘗病其真傳之未得，迨抱道散遊，經蜀道，偶陳子別號了然者以茲數鳴時，覈其實，則夷裔也。遂善焉議及五星纏度，子平遺集，沙滌範圖諸數，有應者，有不①者，蓋其淵深宏遠，未易窺測故也，孰若斗數明顯爲最。遂持書以授余，余開卷悉覽，其間復有玉蟾先生所增輯云者，於是盡其蘊，驗其往，真若炳炳乎日月麗中天而超五星諸數上矣，術數云乎哉，術數云乎哉？

因付諸梓，以成了然公之休德，而亦以永希夷公之心傳云。

時萬曆辛巳冬豫章妝春堂人擴泉子譚貢謹序

①疑漏『應』字
②下有印章二款

新刻纂集紫微斗數捷覽目錄

①原本目錄無『十二宮對沖例』，『十二宮三合例』，據原本內容補入。

①原本目錄無『五行局圖』，據原本內容補入。

卷之二

① 『凡十條』，然後文所述僅九條

補注女命流年值産難訣
男女合婚式　凡五①

卷之三

斗數指南總論
斗數玄微論
斗數準繩
斗數賦性成形論
斗數發微論
斗數彀率
斗數骨髓賦注解
女命骨髓賦注解
十二宮諸星得地合格訣
十二宮諸星失陷破格訣
十二宮諸星得地富貴論

①『凡五』，然後文所列内容僅四。

卷之四

①『凡十四等』，然後文所述爲十五等。
②『凡卅三』，然後所附命圖僅卅一。

①原本目錄無『左輔右弼總訣』，據原本內容補入。

刻纂集紫微斗數捷覽卷之一

大宋華山希夷陳先生精著
逸士玉蟾白先生增輯
十八代孫了然陳道校正
後學擴泉譚貢編次
金陵書坊王氏洛川刊行

○紫微斗數總括

希夷仰觀天上星，作爲斗數推人命。
不依五星要過節，只論年月日時生。
先安身命次定局，紫微天府布諸星。
劫空殤使天魁鉞，天馬天祿帶煞神。
前羊後陀并四化，紅鸞天喜火鈴刑。
二主大限并小限，流年後方安斗君。
十二宫分詳廟陷，流年禍福此中分。

祿權科忌爲四化，惟有忌星最可憎。
大小二限若逢忌，未免其人有災迍。
科名科甲看魁鉞，文昌文曲主功名。
紫府日月諸星聚，富貴皆從天上生。
羊陀火鈴爲四殺，沖命沖限不爲榮。
殺破廉貪俱作惡，廟而不陷掌三軍。
魁鉞昌加無弗應，若還命限陷尤嗔。
尚有流羊陀等宿，此又太歲從流行。
更加喪吊白虎湊，殤使可以斷死生。
若有同年同月看，禍福何有不準平。
不準但依三時斷，時有差遲不可憑。
此是希夷真口訣，學者須當仔細精。
後具星圖幷論斷，其中剖决最分明。
若能依此推人命，何用琴堂講五星。

北斗武貞貪巨破

北斗星主

羊陀左右曲存星

紫微乃中天星主爲衆星之樞紐人命之主宰

紫微

居身命官祿宮吉有相爲有用無相爲孤君

帝座諸宮降福之星

屬土

遇吉增吉逢凶不凶

正星

武曲

屬金第六司財之星

文曲

屬水第四科甲之星

巨門

屬土第二陰精之星

貪狼

屬木第一陽明之星

祿存

屬土第三掌祿之星

廉貞

屬火第五丹元之星

破軍

屬水第七天關之星

助星

擎羊

屬火斗前司引奏之星

左輔

屬土帝極主宰之星

右弼

屬水帝極主宰之星

陀羅

屬金斗前司引奏之星

南斗機同梁相府

南斗主星

天府

天府乃南斗延壽解厄之星在斗司權

爲帝之佐貳有相爲有用無相爲孤立

延壽之星
屬土
解厄之神

正星

七殺
屬金第五
上將之星
南斗正曜

天梁
屬土第三
司壽之星
延生吉星

天機
屬水第一
益壽之星
南方益算之星

天相
屬水第二
司祿之星
南斗正曜又名印星

天同
屬水第四
益算之星

文昌
屬金第六
魁名之星

助星

火星
屬火爲斗中大殺將神
火鈴喜東南不喜西北喜貪紫府殺權祿怕羊刃要坐旺地

天魁
屬火爲斗中司科之星
魁鉞天乙貴人

天鉞
屬火亦斗中司科之星

鈴星
屬火亦斗中大殺將星

火星魁鉞殺昌鈴

中天諸吉星曜

太陽日	太陽化貴爲火之精也
太陰月	太陰化祿爲水之精也
天馬	上界驛馬之星
化祿	上界主掌福德之神　怕入墓
化權	上界掌判生殺之神
化科	上界應試主文之星　怕羊陀空劫
天喜	上界吉慶之星
天才	即才能之星
天壽	即壽星
台輔	即台閣之星
封誥	即封章之星
恩光	主得聖恩
天貴	主大貴
天官	主貴顯
天福	主爵祿
三台	主貴
八座	主貴
龍池	主科甲
鳳閣	主科甲

中天諸凶星曜

天殤　屬火上天虛耗之神

天使　屬火上天驛使之神

地空　屬火上天空亡之神

地劫　屬火上天劫殺之神

天刑　屬火孤克之星

天姚　屬水淫佚之星

化忌　各因星化所屬，此乃多管之神　遇吉則吉遇凶則凶

天虛　亦名空亡之神

天哭　屬金刑克之星

孤辰　主孤

寡宿　主孤

劫殺　暴敗之星

華蓋　破耗之星

空亡　旬中空亡　截路空亡

〇十干例

甲木乙木丙火丁火，戊土己土庚金辛金壬水癸水

甲丙戊庚壬，五行屬陽。乙丁己辛癸，五行屬陰。如甲丙生人，爲陽男陽女，如乙丁生人，爲陰男陰女，餘仿此。

〇十二支例

子　丑　寅　卯　辰　巳　午　未　申　酉　戌　亥

子寅辰午申戌，六支屬陽。丑卯巳未酉亥，六支屬陰。

〇十二月建例

正月建寅，二月建卯，三月建辰，四月建巳，

五月建午，六月建未，七月建申，八月建酉，

九月建戌，十月建亥，十一月建子，十二月建丑。

十二宮分位圖

巳	午	未	申
辰	此一定不易之宮位		酉
卯			戌
寅	丑	子	亥

子寅辰午申戌，此六宮爲陽宮。丑卯巳未酉亥，此六宮爲陰宮。

○十二宮對沖例

子午對沖，丑未對沖，寅申對沖，卯酉對沖，辰戌對沖，巳亥對沖。

○十二宮三合例

寅午戌合，巳酉丑合，申子辰合，亥卯未合。

○[十二宮陰陽五行所屬①]

亥子丑三宮屬水，巳申二宮屬土，午未二宮屬火，寅卯辰三宮屬木，酉戌二宮屬金

○五行相生相剋例

金生水，水生木，木生火，火生土，土生金。
金剋木，木剋土，土剋水，水剋火，火剋金。

○五行生尅制化之理

各有喜忌不同，在各宮及諸星所屬上看。

金賴土生，土多金埋。土賴火生，火多土焦。火賴木生，木多火熾。
木賴水生，水多木飄。水賴金生，金多水濁。
金能生水，水多金沉。水能生木，木盛水縮。木能生火，火焰木焚。
火能生土，土多火晦。土能生金，金多土變。

①原本無標題，今據原本目錄補入標題。此處《連本斗數全集》作：「寅卯屬木東方，巳午屬火南方，申酉屬金西方，亥子屬水北方、辰戌丑未屬土。」按術數五行理論，亥子丑會北方水局，寅卯辰會東方木局，巳午未會南方火局，申酉戌會西方金局，寅卯屬木，巳午屬火，申酉屬金，亥子屬水，辰戌丑未屬土，各藏木、金、水、火餘氣，似。《連本斗數全集》似更合理。

金能剋木，木堅金缺。木能剋土，土重木折。土能剋水，水多土流。水能剋火，火多水熱。火能剋金，金多火熄。金衰遇火，必見銷熔。火弱逢水，必爲熄滅。水弱逢土，必爲淤塞。土衰逢木，必遭傾陷。木弱逢金，必爲砍折。强金得水，方挫其鋒。强水得木，方泄其氣。强木得火，方化其頑。强火得土，方止其焰。强土得金，方制其害。

○陰陽生死之理

甲木生在亥死在午，乙木生在午死在亥，丙戊［火］①生在寅死在酉，丁己生在［在］②酉死在寅，庚金生在巳死在子，辛金生在子死在巳，壬水生在申死在卯，癸水生在卯死在申。男順數，女逆數，此言人物之生，無非陰陽造化之所爲。要知十幹十二支宮分，而有陰陽生死之理如此也。

① 『火』疑是衍字。
② 『丁己生在』後的『在』，當是衍字。

○六十花甲納音例

甲子乙丑海中金，丙寅丁卯爐中火。

戊辰己巳大林木，庚午辛未路傍土。

壬申癸酉劍鋒金，甲戌乙亥山頭火。

丙子丁丑澗下水，戊寅己卯城頭土。

庚辰辛巳白蠟金，壬午癸未楊柳木。

甲申乙酉泉中水，丙戌丁亥屋上土。

戊子己丑霹靂火，庚寅辛卯松柏木。

壬辰癸巳長流水，甲午乙未沙中金。

丙申丁酉山下火，戊戌己亥平地木。

庚子辛丑壁上土，壬寅癸卯金箔金。

甲辰乙巳覆燈火，丙午丁未天河水。

戊申己酉大驛土，庚戌辛亥釵釧金。

壬子癸丑桑柘木，甲寅乙卯大溪水。

丙辰丁巳沙中土，戊午己未天上火。

庚申辛酉石榴木，壬戌癸亥大海水。

此花甲納音，用之以定五行局也。

○五行局圖

金四局

巳：初六 十六 十九 廿五	午：初十 二十 廿三 廿九	未：十四 廿四 廿七	申：十八 廿八
辰：初二 十二 十五 廿一	紫微金宮四歲行，初一尋猪二歲龍，順進二步逆退一，先陰後陽是其宮，惟有初二辰上起，進三退四逆行踪		酉：廿二
卯：初八 十一 十七			戌：廿六
寅：初四 初七 十三	丑：初三 初九	子：初五	亥：初一 三十

金局因納音論知，甲子乙丑海中金，甲午乙未沙中金，壬申癸酉劍鋒金，壬寅癸卯金箔金，庚辰辛巳白蠟金，庚戌辛亥釵釧金，自寅宮納音數至命宮，遇此六金，即爲金局，後載明白。

木三局

巳	午	未	申
初四 十二 十四	初七 十五 十七	初十 十八 二十	十三 廿一 廿三
辰 初一 初九 十一			**酉** 十六 廿四 廿六
卯 初六 初八			**戌** 十九 廿七 廿九
寅 初三 初五	**丑** 初二 廿八	**子** 廿五	**亥** 廿二 三十

生遇木宮三歲游
初一騎龍初二牛
逆進二宮安二日
順回四步一辰求
順二三宮牛頭地
逆進二步二辰[儔①]

木局亦因納音，如戊辰己巳大林木，戊戌己亥平地木，壬午癸未楊柳木，壬子癸丑桑柘木，庚寅辛卯松柏木，庚申辛酉石榴木，亦自寅宮順數，如前定局，宮中所載日期者，凡看命，即在各局尋本人生日上安紫微，後[闈②]明白。

①原字左「人」字旁，右甚不清，有似「儔」字，按此字爲韵脚，「儔」於義於韵更合，取之。

②原字外「門」可辨，內漶漫不清，「闈」於義爲合，姑取之。

水二局

巳	午	未	申
初八 初九	初十 十一	十二 十三	十四 十五

辰			酉
初六 初七 三十	坎水宮中二歲行 初一起丑初二寅 順行一步安一日 陰陽雖異行則同		十六 十七
卯			**戌**
初四 初五 廿八 廿九			十八 十九

寅	丑	子	亥
初二 初三 廿六 廿七	初一 廿四 廿五	廿二 廿三	二十 廿一

水局亦因納音，如丙子丁丑澗下水，丙午丁未天河水，甲申乙酉泉中水，甲寅乙卯大溪水，壬辰癸巳長流水，壬戌癸亥大海水，亦自寅宮順數至命宮，遇此納音六水，即爲水二局。

火六局

初十 廿四 廿九 巳	初二 十六 三十 午	初八 廿二 未	十四 廿八 申
初四 十八 廿三 辰	離火宮中六歲知 初二騎馬初一雞 進二退二各一日 逆回三步尋生期 另有初二各其位 先陰順行逆退之 退二安一退二一 順進五宮是其基		初一 二十 酉
十二 十七 廿七 卯			初七 廿六 戌
初六 十一 廿一 寅	初五 十五 廿五 丑	初九 十九 子	初三 十三 亥

火局亦因納音，如丙寅丁卯爐中火，丙申丁酉山下火，甲戌乙亥山頭火，甲辰乙巳覆燈火，戊子己丑霹靂火，戊午己未天上火，其定局之法如前，後注極詳。

土五局

初八 二十 廿四 (巳)	初一 十三 廿五 廿九 (午)	初六 十八 三十 (未)	十一 廿三 (申)
初三 十五 十九 廿七 (辰)	戊土五歲居其中 初一午上二亥宮 逆行三宮安一日 惟有九日不能同 二宮一日順二次 退二三次又逆從 惟有六日無正位 逢四對宮去尋蹤		十六 廿八 (酉)
初十 十四 廿二 (卯)			廿一 (戌)
初五 初九 十七 (寅)	初四 十二 (丑)	初七 (子)	初二 廿六 (亥)

土局亦因納音，如庚午辛未路傍土，庚子辛丑壁上土，戊寅己卯城頭土，戊申己酉大驛土，丙戌丁亥屋上土，丙辰丁巳沙中土，其法如前，但局內口訣如學者不省，不必用他，只據五局所載日期，尋本人生日在那宮，即於本宮安紫便是。

○安身命訣

斗柄建寅正月起，數至生月起時辰。
子時數到生時止，逆回安命順安身。

每年正月建寅，二月建卯，順行。凡看命，先自寅宮起正月，順數至本人生月止，即于生月上起子時，逆數至本人生時安命。又於生月上起子時，順數至本人生時安身。

安身命圖位

三月亥 命 時安命 巳	午	二月辰 身 時安身 未	申
辰	身命分宮之圖		十月寅 命 時安命 酉
三月亥 身 時安身 卯			戌
寅	十月寅 身 時安身 丑	子	三月辰 命 時安命 亥

假如二月辰時生人，寅宮起正月，順數二月至卯，即於卯宮起子時，逆數辰時到亥，即亥宮安命，仍於卯宮起子時，順數辰時到未，即未宮安身。又如三月亥時生人，自寅宮順數三月至辰，即於辰宮起子時，逆數亥時到巳，即巳安命，仍於辰宮起子，順數亥時到卯，即卯宮安身。又如十月寅時生人，則自亥宮月建起數，其法如前，餘幷仿此。

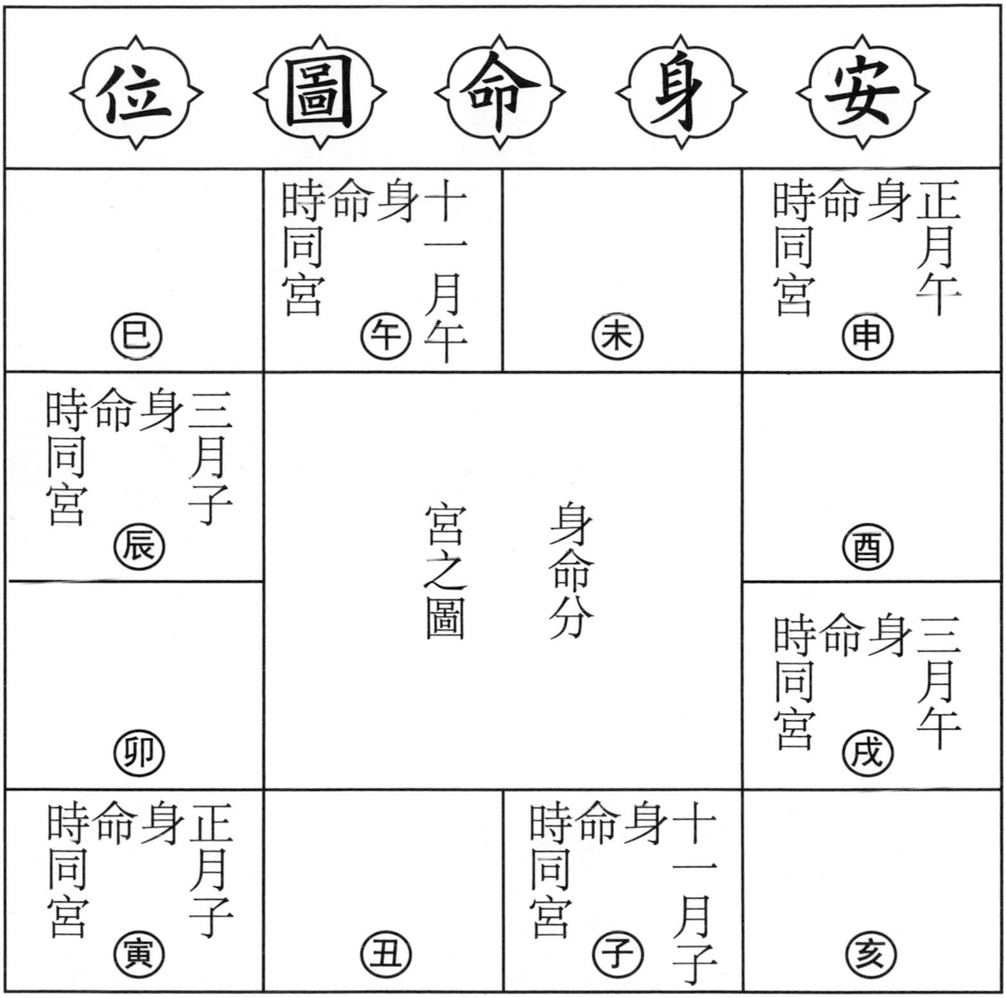

又有身命同宮者，假如正月子時生人，則正月建寅，即於寅宮起子時，故身命同安寅宮。如正月午時生人，亦寅宮起子時，逆數午時到申，仍於寅宮起子時，順數午時亦到申，故身命同安申宮。其二月，三月，至十一月，十二月，俱在月建本宮起數，大約法如前，上二圖極明，宜玩。

○定十二宮六親財官例

一命宮，二兄弟，三夫妻，四子媳，五財帛，六疾厄，七遷移，八奴僕，九官祿，十田宅，十一福德，十二父母。

凡命不問男女，俱以命宮爲主，逆行布十二宮中，假①命立子宮，則亥爲兄弟宮，戌爲夫妻宮，餘并仿此。

○定五行局訣

身命既定要佈局，三合對沖始有分。

次將遁甲納音數，數至本命五局明。

言身命既定之後，即以命宮爲主，分晝對沖三合，如命在子，即以午爲對宮，以申辰爲合照。又如命在午，即以子爲對宮，以寅戌爲合照，餘仿此。

其定局之法，開載於後。

①據《連本斗數全集》，「假」後有「如」字。

○定五局例

甲己之年丙寅首，乙庚之歲戊寅頭。
丙辛便向庚寅起，丁壬壬寅順行流。
惟有戊癸何方起，甲寅之上好尋求。

凡命不問男女，俱自寅宮起遁甲納音，順數至命宮，便定五行局。假如甲己生人，命立寅宮，即在寅宮起丙寅丁卯爐中火，是謂火六局。如命立卯宮，亦同火局。如命立辰宮，亦自寅宮起丙寅，數至辰宮，爲戊辰己巳大林木，是謂木三局。如命立巳宮，亦同木局。又如乙庚生人，命立子丑二宮，自寅宮起戊寅，數至子丑宮，爲戊子己丑霹靂火，是謂火六局，餘仿此。

○定五局長生例

金生在巳，木生在亥，火生在寅，水土長生居申。
長生，沐浴，冠帶，臨官，帝旺，衰，病，死，墓，絕，胎，養。

凡命以五行局爲主，假如金四局，則巳宮安長生，陽男陰女順行，午宮安沐浴，未宮安冠帶，每宮各安一星。如陰男陽女，逆行，辰宮安沐浴，卯宮安冠帶，每一宮各安一星，餘仿此。

○安紫微天府訣

局定生日逆佈紫，對宮天府順流行。
惟有寅申同一位，其餘丑卯互安星。

言五局既定之後，即在前五局圖內，尋本人生日上安紫微，其天府，即與紫微斜對互安，假如正月初三日生人，命屬金四局，即看前金局圖內初三在丑，則在丑宮安紫微，斜對卯宮安天府。又如初八日生人，命屬金四局，亦看金局圖內初八在卯，則在卯宮安紫微，斜對丑宮安天府，故曰互安。餘仿此，後圖更詳。

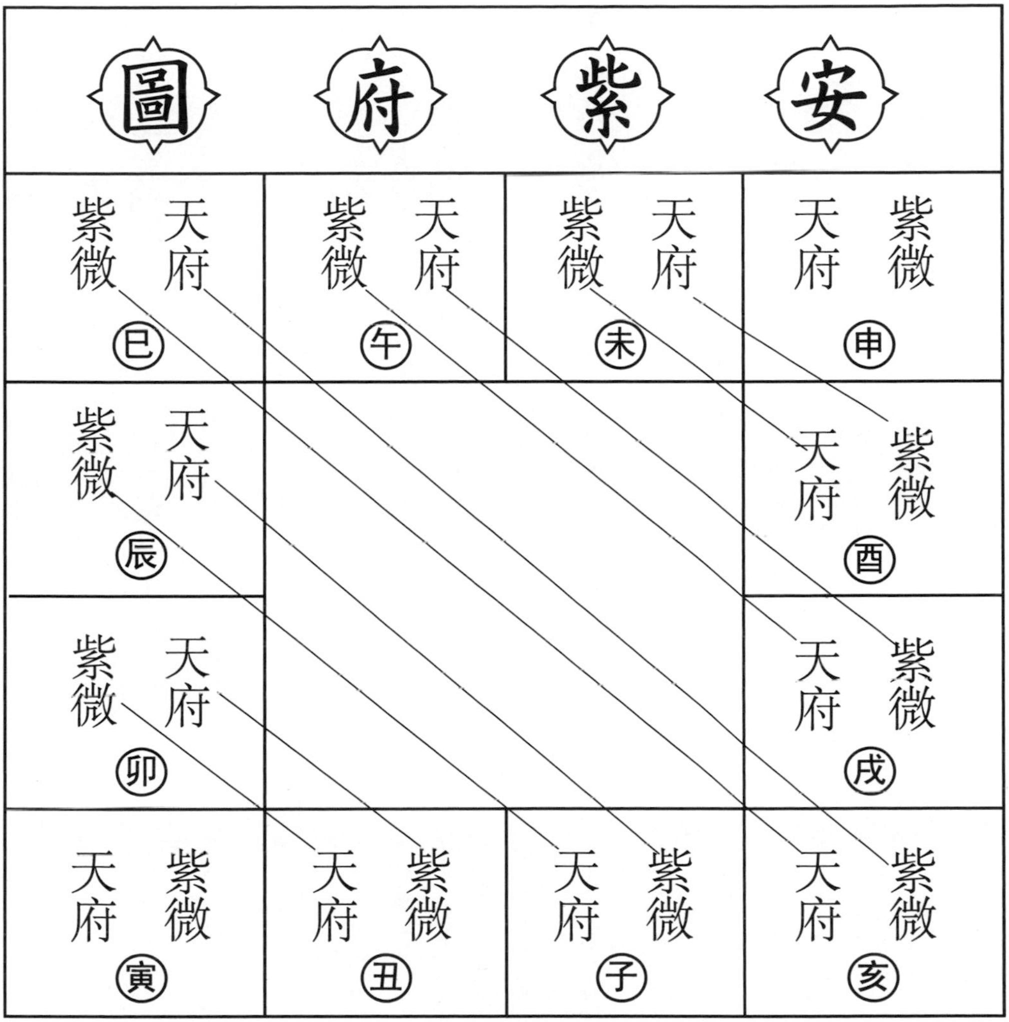

假如本人生日在局內寅申二宮，則紫府同安。如生日在丑，則丑宮安紫微，即在卯宮安天府。如生日在卯，則卯宮安紫微，即在丑宮安天府。如生日在子，則子宮安紫，辰宮安府，餘仿此互安。

○佈南北二斗諸星訣

紫微天機星逆行，隔一陽武天同情。

又隔二位廉貞位，空三便是紫微星。

假如紫微在寅宮，則逆行丑宮安天機，隔子宮一位亥宮安太陽，戌宮安武曲，酉宮安天同，又隔申宮未宮二位至午宮安廉貞，又空巳，辰，卯三位便見寅宮紫微星矣，餘仿此。

天府太陰順貪狼，巨門天相與天梁。

七殺空三破軍位，隔宮望見天府鄉。

假如天府在寅宮，則順行卯宮安太陰，辰宮安貪狼，巳宮安巨門，午宮安天相，未宮安天梁，申宮安七殺，隔酉，戌，亥三宮，在子宮安破軍，隔丑宮一位，便是寅宮天府星也。餘仿此。

辰上順正尋左輔，戌上逆正右弼當。

辰上順時尋文曲，戌上逆時覓文昌。

亥上子時順安劫，逆行便是地空亡。

數到生月生時住，十二宮中仔細詳。

凡命不拘男女辰宮起正月，順數至本人生月安左輔，戌宮起正月，逆數至本人生月安右弼。假如正月生人，即在辰宫安左輔，戌宫安右弼，如二月生人，則順行巳宫安左輔，逆行酉宫安右弼，餘仿此。安昌曲二星亦不拘男女，辰宫起子時，順數至本人生時安曲，戌宫起子時，逆數至本人生時安昌。假如子時生人，即在辰宫安曲，戌宫安昌，如丑時生人，則自辰順行巳宫安曲，自戌逆行酉宫安昌，餘仿此。安劫空二星，亦不問男女，俱在亥宫起子，順數至本人生時安劫，亥宫起子，逆數至本人生時安空，大約其法如前。

○安祿權科忌四化訣

甲廉破武陽

乙機梁微月　月，太陰也

丙同機昌廉

丁月同機巨

戊貪月弼機

己武貪梁曲　曲，文曲也

庚日武陰同　日，太陽也

辛門陽曲昌　門，巨門也

壬梁紫左武

癸破門陰狼

凡命不問男女，但屬甲年生人，則廉貞下安祿，破軍下安權，武曲下安科，太陽下安忌。又如命屬乙年生人，則天機下安祿，天梁下安化權，紫微下安化科，太陰下安化忌，餘仿此。

○安天殤天使訣

命後六位為天使，命前六位為天殤。
大限相逢逢小限，此星乃是活閻王。

此以命宮為主，假如命立寅宮，則後六位在酉，即酉宮安天使，前六位在未，即未宮安天殤，餘仿此。

○安天魁天鉞訣

甲戊兼牛羊，丑未二宮
乙己鼠猴鄉。子申二宮
丙丁猪雞位，亥酉二宮
壬癸兔蛇藏。卯巳二宮
庚辛逢馬虎，午寅二宮
此是貴人鄉①。

①按詩律，首句韵脚『鄉』，後句韵脚不宜同字，《文本斗數全書》作『方』。

凡命不拘男女，俱以生年十干爲主，假如甲戊二年生人，則丑宮安天魁，未宮安天鉞。又如乙己二年生人，則子宮安天魁，申宮安天鉞，餘仿此。

○安祿存羊陀星訣

甲祿到寅宮，乙祿居卯府，丙戊祿在巳，丁己祿居午，庚祿定居申，辛祿酉上補，壬祿亥中藏，癸祿居子位。祿前一位羊刃當，祿後一位陀羅苦。

凡命俱以生年十干爲主，假如甲年生人，則寅宮安祿存，乙年生人，則卯宮安祿存，餘仿此。羊陀二星，則以祿存爲主，假如祿存在寅，則前一位卯宮安羊刃，後一位丑宮安陀羅。又如祿存在卯，則前一位辰宮安羊刃，後一位寅宮安陀羅，餘仿此。

○安火鈴星訣

申子辰人寅火戌鈴，寅午戌人丑火卯鈴。亥卯未人酉火戌鈴，巳酉丑人戌火卯鈴。①

凡命俱以生年十二支爲主，假如申年辰年子年等生人，則自寅宮起子時，順數至本人生時安火星，自戌宮起子時，順數至本人生時安鈴星。假如甲申年丑時生人，則卯宮安火，亥宮安鈴，餘皆仿此。

○安天馬星訣

申子辰人馬居寅，寅午戌人馬居申。
亥卯未人馬居巳，巳酉丑人馬居亥。
凡命俱以生年十二支爲主，假如命屬申子辰年生人，則寅宮安天馬星，餘幷仿此。

○安紅鸞天喜星訣

紅鸞卯上子年起，逆行數至生年止。
對宮即是天喜星，運限命逢偏有喜。②
凡命不問男女，俱自卯宮起子年，逆數至本人生年安紅鸞，對宮安天喜。假如甲子年生人，即在卯宮安紅鸞，酉宮安天喜。如乙丑年生人，則逆行寅宮安紅鸞，申宮安天喜，餘仿此。

---

①按《文本斗數全書》爲『寅午戌人丑卯方，申子辰人寅戌揚。巳酉丑人卯戌位，亥卯未人酉戌房』，以備考覽。

②按《文本斗數全書》爲『卯上起子逆數之，數到當生太歲支。坐守此宮紅鸞位，對宮天喜不差移。年少婚姻喜事奇，老人必主喪其妻。三十年前爲吉曜，五十年後不相宜』。於義爲優，姑備考覽。

○安天姚天刑星訣

天姚丑上順正月，天刑酉上正月輪。
數到生月皆住脚，便安刑姚二星辰。

假如正月生人，即在丑宮安天姚，酉宮安天刑。如二月生人，自丑數至寅宮安姚，自酉數至戌宮安刑，餘仿此。

○定命主訣

即本命主照星君是也

子屬貪狼丑亥門，　門，巨門也
寅戌生人屬祿存，
卯酉屬文巳未武，　文，文曲也
辰申廉宿午破軍。

凡命俱以生年十二支爲主，假如命屬子年生，則貪狼爲命主星，如丑亥年生，則以巨門爲命主星，餘仿此。

○定身主訣即本身主照星君是也

子午生人鈴火宿，丑未天相寅申梁。
卯酉天同身主是，巳亥天機辰戌昌。
此亦看生年十二支，假如子午年生人，則火鈴爲身主，如丑未年生人，則天相爲身主，餘仿此。

○安三台八座星訣

三台左輔順初一，數至生日是台宮。
八座右弼逆初一，數至生日定其踪。
凡命俱以左輔右弼二宮爲主，假如初五生人，左輔在子宮，則自子宮起初一，數至辰宮初五止，即於辰宮安三台。又如初五生人，右弼在寅宮，則自寅宮起初一，逆數至午宮初五日止，即於午宮安八座①，餘仿此。

○安龍池鳳閣星訣

龍池起子順行辰，生年便是福元真。
鳳閣戌上逆數子，遇至生年是吉神。

①原文疑有誤。據安星訣，當為：『逆數至戌宮初五日止，即于戌宮安八座』。

凡命不拘男女，俱以辰戌二宮爲主，假如甲子生人，辰宮即安龍池，戌宮即安鳳閣。如乙丑生人，則自辰宮起子年，順數至巳宮爲丑，即安龍池，自戌宮起子年，逆數至酉宮爲丑，即安鳳閣，餘仿此。

○安天才天壽台輔封誥星訣

命宮起子天才順，身宮起子天壽堂。

曲前三位是台輔，曲後三位封誥鄉。

假如甲子生人，命立寅宮，則天才在寅，身立午宮，則天壽在午。如乙丑生人，命立寅宮，則自寅宮起子年，順數至卯宮爲丑，即安天才在卯，如身立午宮，則自午宮起子年，順數至未宮爲丑，即安天壽在未宮，餘幷仿此。

假如本命文曲在子宮，則前三位寅宮安台輔，後三位戌宮即安封誥，餘仿此，俱以文曲爲主。

○安恩光天貴星訣

文昌順數至生日，退後一步是恩光。

文曲順數至生日，退後一步天貴場。

假如初五日生人，本命文昌在子宮，則自子宮起初一，順數至辰宮爲初五，退後一步卯宮即安恩光。如文曲在午宮，則自午宮起初一，順數至戌宮爲初五，退後一步酉宮即安天貴，餘仿此。

○安天官貴人星訣

甲未乙龍壬犬宜，丙蛇丁虎己辛雞。
戊兔庚猪安癸馬，其人貴顯可先知。

凡命俱以本命生年十干爲主，假如甲生人，則未宮安天官。乙生人，則辰宮安天官，餘仿此。

○安天福貴人星訣

甲愛金雞乙愛猴，丁猪丙鼠己寅頭。
戊尋玉兔庚壬馬，辛癸逢蛇爵祿優。

此亦以生年十干爲主，假如甲生人，則酉宮爲天福。乙生人，則申宮安天福，餘仿此。①

①據《文本斗數全書》，此處當有『安地劫地空星訣亥上起子順安劫，逆回便是地空鄉。如子時生者，劫空俱在亥宮。若丑時生者，劫順在子宮，空逆在戌宮。若午時生者，劫空俱在巳上安之，餘仿此。』劫空二星見卷一中天諸凶星曜圖，劫空羊陀火鈴爲斗數論命之六殺星，甚爲緊要。然《文本斗數全書》原作『安天空地劫訣』，乃天空與地空誤淆也，考原本關係處，地空之名甚明，正之。

○安天空星訣[1]

駕前一位爲天空，身命原來不可逢。

二主祿存若值此，閻王不怕你英雄。

駕前，謂太歲前也，假如子年生人，則子宮安太歲，前一位丑宮即安天空，餘仿此。二主，即命主身主星也。

○定旬中空亡訣

甲子旬中空戌亥，甲戌旬中空申酉，甲申旬中空午未，

甲午旬中空辰巳，甲辰旬中空寅卯，甲寅旬中空子丑。

假如人命生年，自甲子乙丑至癸酉十年內生人，俱係甲子旬中，則戌亥二宮落空，餘仿此。

○定截路空亡訣

甲己之歲空申酉，乙庚之歲午未求。

丙辛生命空辰巳，丁壬寅卯最堪憂。

戊癸生人空子丑，命犯空亡萬事休。

①按卷一南北中天諸星圖，未載天空星。

假如甲己生人，則申酉二宮落空。又有正空傍空之說，如甲生人，申爲正空，酉爲傍空，如己生人，酉爲正空，申爲傍空，餘仿此。

○安天哭天虛星訣

天哭天虛起午宮，午宮起子兩分踪。
哭逆巳行虛順未，生年尋到便居中。

凡命俱以生年十二支爲主，假如辰年生人，則自午宮起子年，逆行巳宮至寅宮爲辰，便安天哭。自午宮起子年，順行未宮至戌宮爲辰，便安天虛，餘仿此。如子年生人，即在午宮安二星。

○安孤辰寡宿星訣

寅卯辰人安巳丑，巳午未人怕申辰。
申酉戌人居亥未，亥子丑人寅戌嗔。

俱以生年十二支爲主，假如寅卯辰年生人，俱在巳宮安孤辰，丑宮安寡宿，餘仿此。

○安劫殺星訣

申子辰兮蛇開口，亥卯未兮猴速走。
寅午戌兮猪面黑，巳酉丑兮虎哮吼。
亦以生年看，假如申子辰年生人，巳宮安劫殺，餘仿此。

○安華蓋星訣

申子辰人辰上是，巳酉丑人丑上藏。
亥卯未人未上是，寅午戌人戌上當。
亦以生年爲主，假如申子辰年生人，俱在辰宮安華蓋，餘仿此。

○安桃花殺訣

寅午戌兔從茅裏出，申子辰雞叫亂人倫。
亥卯未鼠子當頭忌，巳酉丑躍馬南方走。
亦以生年爲主，假如寅午戌年生人，卯宮安桃花殺，餘仿此。

○安大耗殺訣

鼠忌羊頭上，牛嗔馬不耕。
虎嫌雞啄短，兔嫌[1]猴不聲。
龍憎豬面黑，蛇驚犬臥門。
有人犯此殺，財食散伶仃。
亦以生年爲主，假如子年生人，未宮安大耗殺，餘仿此。

○安破碎殺訣

子午卯酉巳，寅申巳亥雞。
辰戌丑未丑，犯之財不宜。
亦以生年爲主，假如子午卯酉四年生人，巳宮安破碎殺，餘仿此。

○安生年太歲十二神訣[2]

太歲太陽喪門起，太陰官符死符比。

① 《連本斗數全集》作『怨』，與前句『嫌』正對。

② 《文本斗數全書》載『安喪門白虎吊客官符四飛星訣』，爲『歲君前二是喪門，後二宮中吊客存。對照喪門安白虎，吊客對照安官符。』注云：『流年太歲前二位是喪門，後二位是吊客，喪門對照安白虎，吊客對照安官符』。以備考覽。

歲破龍德白虎神，福德吊客病符止。

以生年爲主，假如甲子生人，不問男女，俱在子宮安太歲，順行，每宮安一神，餘仿此。

〇安生年博士十二神訣①

博士力士青龍小，小，即小耗也

將軍奏書飛廉杳。

喜神病符大耗星，

伏兵到處官符了。

凡命俱以祿存宮爲主，如陽男陰女祿存在寅宮，則寅宮起博士，順行，每宮安一星。如陰男陽女逆行，餘仿此。

〇定大限訣

大限就從局數數，

男女逆順分陽陰。

①《文本斗數全書》載『安十二宮太歲殺祿存神歌訣』，爲『博士力士青龍續，小耗將軍及奏書，蜚廉喜神病符錄，大耗伏兵至官府，吉凶從此分禍福。』注云：『要知不拘男女命，尋祿存星起，陽男陰女順推輪，陰男陽女逆流行。博士聰明力士權，青龍喜氣小耗錢。將軍威武奏書福，蜚廉主孤喜神延。病符帶疾耗退祖，伏兵官府口舌纏。生年坐守十二殺，方敢斷人禍福源』。以備考覽。

陽男陰女順推轂，
陰男陽女逆行真。

凡命俱以命宮爲主，假如陽男陰女命立子宮，屬金四局，即在子宮起四歲，順行，丑宮爲十四，每十年過一宮，餘仿此。如陰男陽女，命立子宮，亦屬金四局，即在子宮起四歲，運逆行，亥宮十四，逐宮遇吉凶星而斷，餘仿此。

○定小限訣

寅午戌人辰上起，申子辰人戌上推。
亥卯未人丑上是，巳酉丑人未上歸。

以生年爲主，假如寅午戌年生人，俱自辰宮起一歲，一年過一宮，男順行，女逆行，餘仿此。

○定小兒童限訣

一命二財三疾厄，四歲夫妻五福德。
六歲官祿順流行，七八九歲無間隔。

凡小兒不問男女，俱在命宮爲一歲，財帛宮爲二歲，疾厄宮爲三歲，餘仿此。每宮依吉凶星斷，要看流年太歲有何吉凶神臨，及童限出後，方以大人小限論之。

○安流年斗君法

太歲宮中便起正，逆回數至生月分。
本月順起子時位，生時到處安斗君。

假如流年甲子，太歲在子，從子宮起正月，逆行，數至本人生月止，即於月上起子時，順行，數至本人生時止，即於時上安斗君，起流年正月，順行逐月，遇吉凶而斷。如看逐日逐時吉凶，即在月上起初一，日上起子時，皆順行。

○安流年文昌星訣

甲蛇乙馬報君知，丙戊申宮丁己雞。
庚猪辛鼠壬逢虎，癸人見兔步雲梯。

以流年十干爲主，假如甲子流年，則文昌星在巳宮，乙丑流年，則文昌在午，餘仿此。

○定流殺訣

寅午戌殺在北方亥子丑，亥卯未殺在西方申酉戌。
申子辰殺在南方巳午未，巳酉丑殺在東方寅卯辰。

以流年十二支爲主，假如流年屬寅午戌，則亥子丑三宮安殺，餘仿此。

○定竹羅三限訣

只論三方殺破狼，竹羅三限此中詳。
若加巨暗凶星會，大小限遇入泉鄉。

凡大小二限，三方四正，遇七殺破軍貪狼三星，并巨暗及流年太歲諸凶殺曜交會，其年必凶。

○定流年太歲所值吉星圖

	子	丑	寅	卯	辰	巳	午	未	申	酉	戌	亥
天德	酉	戌	亥	子	丑	寅	卯	辰	巳	午	未	申
月德	巳	午	未	申	酉	戌	亥	子	丑	寅	卯	辰
月建	巳	午	未	申	酉	戌	亥	子	丑	寅	卯	辰
龍德	未	申	酉	戌	亥	子	丑	寅	卯	辰	巳	午
福德	酉	戌	亥	子	丑	寅	卯	辰	巳	午	未	申
解神	戌	酉	申	未	午	巳	辰	卯	寅	丑	子	亥
太陽	丑	寅	卯	辰	巳	午	未	申	酉	戌	亥	子
太陰	卯	辰	巳	午	未	申	酉	戌	亥	子	丑	寅
紅鸞	卯	寅	丑	子	亥	戌	酉	申	未	午	巳	辰
天喜	酉	申	未	午	巳	辰	卯	寅	丑	子	亥	戌
爵星	子	丑	寅	卯	辰	巳	午	未	申	酉	戌	亥

流年橫看

假如甲子流年，則酉宮安天德，巳宮安月德。如乙丑流年，則戌宮安天德，午宮安月德，餘皆依流年地支橫看此流年星。如得訣，其法尤便安布，假如安天德，只據酉宮爲主，自酉起子年，順行數至流[年]止。即安天德。假[如]甲寅年，則自酉[起]子，至亥宮爲流[年]甲寅，即天德在亥，餘并仿此。如月德等星，俱照圖頭上某宮起子年，順行。惟解神紅鸞天喜三星，則皆逆行。

○定流年太歲所值凶星圖

	子	丑	寅	卯	辰	巳	午	未	申	酉	戌	亥	流年橫看
太歲	子	丑	寅	卯	辰	巳	午	未	申	酉	戌	亥	太歲即在流年本宮安
殺刃	戌	酉	申	未	午	巳	辰	卯	寅	丑	子	亥	二星俱自戌宮起子年，數至流年安
浮沉	戌	酉	申	未	午	巳	辰	卯	寅	丑	子	亥	
伏尸	子	丑	寅	卯	辰	巳	午	未	申	酉	戌	亥	二星俱順從流[年]本宮安
劍鋒	子	丑	寅	卯	辰	巳	午	未	申	酉	戌	亥	
火血	丑	寅	卯	辰	巳	午	未	申	酉	戌	亥	子	二星俱丑宮起子，順數至流年安
天空	丑	寅	卯	辰	巳	午	未	申	酉	戌	亥	子	
喪門	寅	卯	辰	巳	午	未	申	酉	戌	亥	子	丑	此星寅宮起子年，順數至流年安
驛馬	寅	亥	申	巳	寅	亥	申	巳	寅	亥	申	巳	此星寅宮起子年，逆數至流年安①
勾絞	卯	辰	巳	午	未	申	酉	戌	亥	子	丑	寅	二星卯宮起子年，順數至流年安
貫索	卯	辰	巳	午	未	申	酉	戌	亥	子	丑	寅	

①按申子辰年馬在寅，巳酉丑年馬在亥，寅午戌年馬在申，亥卯未年馬在巳，故驛馬只安寅亥申巳四宮，此處疑有誤。

官符	辰巳午未申酉戌亥子丑寅卯	二星辰宮起子年，順數至流年是也
血蠱	辰巳午未申酉戌亥子丑寅卯	
五鬼	辰巳午未申酉戌亥子丑寅卯	二星辰宮起子年，順數至流年是也
飛符	辰巳午未申酉戌亥子丑寅卯	
死符	巳午未申酉戌亥子丑寅卯辰	二星巳宮起子年，順數至流年是也
小耗	巳午未申酉戌亥子丑寅卯辰	
大耗	午未申酉戌亥子丑寅卯辰巳	
歲破	午未申酉戌亥子丑寅卯辰巳	四星俱午宮起子，順數至流年是也
欄杆	午未申酉戌亥子丑寅卯辰巳	
月空	午未申酉戌亥子丑寅卯辰巳	
暴敗	未申酉戌亥子丑寅卯辰巳午	
天厄	未申酉戌亥子丑寅卯辰巳午	三星俱未宮起子，順數至流年是也

陰□①	未申酉戌亥子丑寅卯辰巳午	
白虎	申酉戌亥子丑寅卯辰巳午未	此星申宮起子順數至流年是也
飛廉	寅卯辰巳午未申酉戌亥子丑	此星寅宮起子，順。
捲舌	酉戌亥子丑寅卯辰巳午未申	此星酉宮起子，順。
吊客	戌亥子丑寅卯辰巳午未申酉	此三星俱戌宮起子，順行是也
天狗	戌亥子丑寅卯辰巳午未申酉	
血刃	戌亥子丑寅卯辰巳午未申酉	
病符	亥子丑寅卯辰巳午未申酉戌	此星亥宮起子，順。
披頭	辰卯寅丑子亥戌酉申未午巳	此星辰宮起子逆行至流年是也
天哭	午巳辰卯寅丑子亥戌酉申未	此午宮起子，逆行
天虛	午未申酉戌亥子丑寅卯辰巳	此午宮起子，逆行
飛財	午子辰丑戌未亥申酉寅卯巳	此星只據本圖流年橫看以安各宮

①『□』字漶漫，疑『生』字。

孤辰	寅	寅	巳	巳	巳	申	申	申	亥	亥	亥	寅
寡宿	戌	戌	丑	丑	丑	辰	辰	辰	未	未	未	戌
六害	卯	子	酉	午	卯	子	酉	午	卯	子	酉	午
華蓋	辰	丑	戌	未	辰	丑	戌	未	辰	丑	戌	未
劫殺	巳	寅	亥	申	巳	寅	亥	申	巳	寅	亥	申
天殺	午	卯	子	酉	午	卯	子	酉	午	卯	子	酉
地殺	未	辰	丑	戌	未	辰	丑	戌	未	辰	丑	戌
年殺	申	巳	寅	亥	申	巳	寅	亥	申	巳	寅	亥
月殺	酉	午	卯	子	酉	午	卯	子	酉	午	卯	子
亡神	戌	未	辰	丑	戌	未	辰	丑	戌	未	辰	丑
將星	亥	申	巳	寅	亥	申	巳	寅	亥	申	巳	寅
扳鞍	子	酉	午	卯	子	酉	午	卯	子	酉	午	卯

二星亦據本圖流年橫看以安各宮

此後十星，亦各據本圖流年橫看，照宮安布是也。大抵此前四十七位凶星，如流年斗君，三方四正，大小二限沖合幷身命遇之，縱吉，而官災刑孝，破悔死亡，亦不能免，如主星得地，亦活看。①

①『亦活看』後，《連本斗數全集》多『不可拘執也』。

定小兒關煞等星訣

百日關

寅申巳亥月忌辰戌丑未時
辰戌丑未月忌子午卯酉時
子午卯酉月忌寅申巳亥時

凡生人遇月建寅申巳亥四個月，而犯辰戌丑未四個時辰是也。犯此關者過周年無害。

短命關

寅午戌龍當，巳酉丑虎鄉。
申子辰蛇上，亥卯未尋羊。

以生年爲主，假如寅午戌年生人，遇辰時是也，即安辰宮，餘仿此。

鬼門關

子生怕酉午嫌丑，寅未申卯不相安。
亥怕辰宮戌怕巳，定然號泣鬼門關。

以生年爲主，假如子年生人，遇酉時是也，亦安酉，餘仿此。

撞命關

子兔寅蛇丑戌獅，辰龍卯鼠巳猴兒。
未牛申午同嫌馬，亥怕猪兮酉怕雞。

亦以生年爲主，假如子年生人遇卯時，寅年生人遇巳時，丑戌生人遇未時是也，未屬巨獅，故曰獅。

四柱關

正七休生巳亥時，二八辰戌不堪推。
三九卯酉生人惡，四十寅申主哭悲。
五十一月丑未死，六十二月子午宜。
小兒若犯此關煞，父母不久主分離。

假如正月生人逢巳時，七月生人逢亥時是也，亦安巳亥宮，餘仿此。

金鎖關

子丑辰巳皆嫌犬，寅卯嫌蛇午未羊。
申酉生人偏怕鼠，戌亥之年猪上當。

假如子丑辰巳年生人，逢戌時是也，亦安戌宮，餘仿此。

閻王關

春忌牛羊爲短命，夏逢辰戌見閻羅。秋生子午人難保，冬遇卯酉唱哀歌。

假如春三月生人，逢丑未時是也，亦安丑未宮，餘仿此。

四季關

春關牛與蛇，夏月龍猴嗟。秋怕猪羊位，冬犬虎交加。

假如春三月生人，逢巳丑二時是也，亦安巳丑二宮，餘幷仿此。

鐵蛇關

寅午戌人龍自當，巳酉丑人入虎鄉。申子辰人蛇位上，亥卯未人羊上當。

假如寅午戌年生人，逢辰時是也，亦安辰宮，餘仿此。

浴盆關

浴盆之煞最無良，春月忌辰夏忌羊。秋季犬兒切須忌，冬月逢丑定須傷。

假如春三月生人遇辰時是也，亦安辰宮，餘仿此。

白虎關

火人白虎須在子，金人白虎卯之方。
水土生人白虎午，木人白虎酉中藏。

假如甲子乙丑生人，屬金，遇卯時是也，亦安卯宮，餘仿此。

雞飛關

甲己生人巳酉丑，孩兒難保守。
庚辛生人亥卯羊，父母哭斷腸。
壬癸生人寅午戌，生下不見日。
乙戊丙丁生人時正子，不滿三周死。

假如甲己年生人，遇巳酉丑時是也，亦巳酉丑宮，餘仿此。

雷公打腦關

甲乙逢牛馬不祥，丙丁見鼠有災殃。
戊己生人逢犬位，庚辛又怕虎來傷。
壬癸生人雞猪是，若還不解見閻王。

假如甲乙年生人，逢丑午時是也，亦丑午二宮，餘仿此。

金鎖匙

正七逢申人必死，二八雞鄉命必危。
三九犬兒難活命，四十逢猪是鎖匙。
五十一逢子必死，六十二與丑非奇。

假如正七月生人，逢申時是也，亦安申宮，餘仿此。

急腳關

春三亥子不過關，夏月卯與未中間。
秋寅戌位還須忌，冬丑辰宮死不難。

假如春三月生人，遇亥子時是也，亦安亥子宮，餘仿此。

急腳煞

甲乙命人申酉是，丙丁亥子實堪悲。
戊己怕逢寅卯上，庚辛巳午不須疑。
壬癸切須防丑未，更加辰戌命遭危。

假如甲乙年生人，遇申酉時是也，亦安申酉宮，餘仿此。

將軍箭

酉戌辰時春不旺，未卯子時夏中亡。
寅午丑時秋必忌，冬防申亥巳爲殃。
一箭傷人三歲死，二箭須教六歲亡。
三箭九歲兒將死，四箭十二便身亡。

假如春三月生人，遇酉戌辰時是也，餘仿此。

埋兒煞

寅申巳亥年生人忌申酉時，
子午卯酉年生人忌丑時，
辰戌丑未年生人忌卯時。

犯此煞者命主刑尅。

流霞煞

甲雞乙犬丙加羊，丁是猴鄉戊是蛇。
己馬庚龍辛逐虎，壬猪癸虎是流霞。

假如甲年生人逢酉時是也，亦安酉宮，餘仿此。有犯之者男主他鄉死，女主産後亡。

水消瓦敗

正蛇二鼠三牛走，四猴五兔六月狗。
七猪八馬九羊當，十月龍蛇凶自守。
十一金雞梁上叫，十二虎坐當路口。

假如正月生人逢巳時是也，亦安巳宮，餘仿此，此主破敗。

吞陷煞

猪犬羊逢虎必傷，猴蛇相會樹頭亡。
犬逢雞子遭徙配，兔與蛇奇走遠鄉。
鼠見犬兮當惡死，馬牛逢虎定相傷。
兔猴逢犬難回避，龍來未上水中央。
凡人若值此時日，三合爲災仔細詳。

右煞以時日所屬，相雜互見是也。

鬼限歌

鬼限原來最可憂，欲知壽夭向斯求。
金哥出去休騎馬，火弟歸來莫跨牛。
木遇兔神須遠避，水逢雞位實堪憂。
土人切忌臨猪上，難保光陰到白頭。

假如命屬甲子乙丑海中金，是謂金人，遇午時是也，餘仿此。

天狗煞

子人見犬丑猪宜，寅人見鼠卯牛時。
辰人見虎巳見卯，午人龍上未蛇兒。
申人見午酉見未，戌人猴上亥嫌雞。

假如子年生人，遇戌時是也，亦安戌宮，餘仿此。

八敗煞

未戌亥生辰月嗔，子辰巳命未宮真。
丑酉申生嫌戌月，卯寅午命丑爲塵。
身命若然逢八敗，作事求謀多不快。
横成横破總無常，命堅身固多免害。

假如未戌亥年生人，遇三月建辰是也，亦安辰宮，餘仿此。

指背煞

申子辰人生月日時有申，亥卯未人生月日時有亥，
寅午戌人生月日時有寅，巳酉丑人生月日時有巳。

假如申子辰年生人，遇申月申日申時是也，亦安申宮，餘仿此。

剋嗣煞

金人戌亥子寅時，木人辰巳午申俱。
水土丑寅兼卯巳，火人申未并雞猪。

假如本命屬金，忌戌亥子寅四時是也，亦安本宮，如坐命，無子息，縱生子不育。

將軍箭

甲馬丁羊還丙虎，六庚怕戌六辛雞。
戊己辰時壬怕子，原來乙癸共申時。
更逢天祿天馬會，定作他鄉一路妓。
任是富豪官宦女，花前月下會偷期。

假如甲年生人，逢午時是也，亦安午宮，更嫌祿馬同臨，允爲淫斷，餘仿此。

○定小兒生時成形論

子午卯酉頂正，寅申巳亥亦正。
辰戌丑未頂偏，文昌文曲有痣。
寅卯辰時痣青，巳午未時痣紅。
申酉戌時痣白，亥子丑時痣黑。
博士力士斷其上長下短，青龍將軍決定頭圓腮小，小耗大耗而唇鼻偏邪，病符將軍而聲高性雄，官符奏書逢凶曜落地無氣，白虎太歲遇囚殺便溺刑傷，須憑生剋制化之垣，更覓帝祿盛衰之地，如斯精究，何患無知？溺，尿也。

○小兒論斷

夫小兒者，其局數與大人有異，但有春夏秋冬四季關煞。如小兒犯之，不論當生星宿，只看童限，太歲，流殺，并命與身殺加盤，如俱見凶，必然難養。若身命得地，帝祿守照，太歲逢吉，雖關何害？不過多生疾病而已。帝，紫微也。祿，祿存也。
春關申酉戌，夏關亥子丑，秋關巳午未，冬關寅卯辰。

○附十二時生人刑剋父母論

子寅卯生人見午申酉亥時無剋，午申酉亥生人見子寅卯巳時無剋，

辰戌丑未生人見辰戌丑未時主早離父母，
子寅卯巳午酉生人見辰戌丑未時主早尅父，
辰戌丑未生人見子寅卯巳午亥申酉時主早尅母。

○附十二時生人初生男女論

如人生命坐六陽宮，又屬子寅辰午申戌六時，必先見男。
如人生命坐六陰宮，又屬丑卯巳未酉亥六時，必先見女。
假如本人初生男女，果依時顯應必難存活之斷也，即此亦可定人生時準否。

○論十二生時難定訣

亥子丑時安有涯，不知晝夜短衣加。
天陰雨下時難定，便是神仙也有差。
此論夜間生時難定，而晝間若遇陰雨亦難定也。凡看命若不應驗，將前後二時推之，無不驗矣。

○限行得數例

火行寅午共蛇鄉，金逢雙女酉申方。雙女，巳宮也。
木到亥宮寅卯位，水土申亥子爲良。

○限行反背例

火行戌亥便爲災，水土龍蛇忌有哀。
金遇丑寅須有害，木行申酉不相安。
假如火局生人，行寅巳午三宮，大小限俱吉。如行戌亥二宮，大小限見災，餘仿此。

○限行吉凶訣

亨通顯達逢生旺，病患迍邅遇幷沖。
此是交傷生死訣，吉凶消息在其中。
生旺發來墓絕死，墓絕發來生旺終。
生，長生也。旺，帝旺也。幷沖，惡星沖幷也。墓，墓庫也。絕，敗絕也。
大凡限行生旺宮，必吉。惡曜沖幷，必凶。又如生旺宮發過，則墓絕宮必止，餘仿此。

一卷終

紫微斗數精詳集卷之二

○紫微諸星廟陷訣

紫微天機子午宮，太陽巨相寅申中。天府七殺辰戌利，巳亥之中忌天同。
廉貞最好未申廟，貪武天梁辰戌同。子午寅申陰化吉，若還遇惡有何榮。
巳酉丑中昌曲貴，寅午戌上不豐隆。破軍子午真得利，左右更喜紫微宮。
祿存切忌火空劫，辰戌丑未擎羊雄。寅申巳亥陀羅廟，二星八位互雷同。
科權祿陷嫌加殺，若然遇火限亨通。更有鈴星東南美，寅午戌中是廟宮。

○辨十二宮諸星廟陷訣

子	丑	寅	卯	辰	巳
子宮得地殺陰梁，得地，廟旺也 陷火鈴陀機左右，陷，失陷也 相破貪狼紫府祥。祥，亦廟也 閒同貞巨武文鄉。閒，閒宮也	丑微貪武府同梁， 閒殺相貞鈴左右， 天哭羊陀火破祥。上六星皆廟 陷宮惟有巨機當。	寅廟微同與巨梁，以下八星皆廟 閒貞府相破軍武， 火鈴七殺幷貪狼。 陷地天機曲與昌。	卯武機同姚哭榮， 閒微左右貞梁宿， 幷貪府巨火鈴刑。十一星皆廟 陷相羊陀殺破星。	辰武羊陀殺姚機， 陷地火鈴兼巨破， 府梁皆廟相貞稀。十星皆廟 貪同左右紫微俱。九星皆陷	巳宮機相火鈴興，興，入廟也 左右紫微皆一例，上八星皆閒宮 閒巨羊陀殺破星。 陷同梁府武貪貞。

午	午宮左右火鈴微，貞機閒地羊陀陷，	府相天梁破出奇。上九星皆廟 昌曲貪同武巨低。低，亦陷也
未	未廟羊陀紫府貞，閒同左右梁相殺，	火鈴貪宿破軍榮。榮，亦廟也 陷地天機武巨門。
申	申微天哭殺門貞，此五星入廟 陷武火鈴貪左右，	閒府羊陀相破軍。 機梁同宿總非榮。上九星皆陷
酉	酉宜天府刃天刑，此三星入廟 陷武破貪機巨相，	閒地貞梁左右鈴。 火同陀殺紫微星。上十一星皆陷
戌	戌府機梁武殺鈴，閒宮只有廉貞相，	羊陀左右姚貪刑。上十三星俱廟 陷破同昌曲紫門。
亥	亥廟機鈴姚相門，羊陀左右皆閒類，	閒宮武破殺微星。 陷府同梁貪火貞。

以上十二宮，各因星辰喜忌論，宜熟記之。

○辨諸星十二宮廟陷訣 與前訣參看

紫微	紫微屬土化貴星，宜命宮，官祿宮　卯酉巳亥旺宮臨。旺，即廟也 丑午未廟寅申利，利，亦旺也　辰戌陷地子午平。平，即閒也
天機	天機屬木化善星，宜兄弟宮　卯辰戌亥入廟庭。此星好善 子午二宮皆得地，得地，亦旺宮也　寅申丑未酉陷真。
太陽	太陽屬火化貴星，主貴，宜官祿宮　自寅至未入廟庭。 戌亥子宮皆陷地，　丑申酉上只平平。平，即閒宮也
武曲	武曲屬金化權星，主富，宜財帛宮　辰戌丑未入廟庭。 卯酉巳亥皆得地，　子與午陷寅申平。
天同	天同屬水化福星，主祿，宜福德宮　子寅卯廟最爲榮。 丑未申宮皆得地，　辰戌午酉巳亥嗔。嗔，謂居陷地也
廉貞	廉貞屬火化囚星，主囚獄，宜官祿　子午卯酉旺宮臨。遇吉主貴 未申入廟巳亥陷，　丑寅辰戌地爲真。地，得地也

天府	太陰	貪狼	巨門	天相	天梁
天府屬土化富星，主富，宜財帛宮　巳亥二位陷宮臨。 辰戌丑未卯酉廟，寅申子午地爲真。	太陰屬水化富星，主富，宜田宅宮　酉戌亥子丑廟庭。 卯辰巳午皆爲陷，寅申未上亦平平。	貪狼屬木化喜星，主風騷，宜官祿　辰戌丑未入廟庭。 子兼卯酉爲得地，巳午亥陷寅申平。	巨門屬土化暗星，主是非，宜福德　子丑卯局寅申庭。局，得地也 午地未酉丑宮陷，午地，午宮得地　辰巳戌亥只平平。	天相屬水化印星，主貴，宜官祿宮　子辰巳亥入廟庭。 卯酉二宮皆陷地，諸宮降福豈平平。言皆旺地也	天梁屬土化蔭星，主壽，宜父母宮　子午寅卯辰戌庭。庭，入廟也 酉丑二宮爲得地，未申巳亥陷爲真。

七殺	七殺屬金化權星，諸宮不宜 辰戌丑未爲得地， 寅申子午入廟庭。入廟則吉 卯酉爲陷巳亥平。
破軍	破軍屬水化耗星，諸宮不宜 巳亥閒宮丑未地， 寅申子午入廟庭。入廟則吉 卯酉辰戌陷爲真。
輔弼	左屬土星右水星，宜紫微宮，主貴 子辰申位皆陷地， 寅午戌宮入廟庭。 卯酉巳亥丑未平。
文曲	文曲屬水化科星，宜身命宮 子辰丑地申宮利， 亥卯未旺巳酉庭。 惟寅午戌陷爲真。
文昌	文昌屬金化魁星，宜身命宮 寅午戌宮皆失陷， 巳酉丑位入廟庭。 其餘總得地爲真。
祿存	祿存屬土富貴星，宜身命官祿宮 辰戌丑未餘皆旺， 子午卯酉入廟庭。主富貴 火鈴空劫陷爲真。

擎羊	陀羅	火鈴	劫空
羊刃屬金化刑星，入命主刑剋　辰戌丑未入廟庭。 寅申巳亥皆閒地，　子午卯酉陷爲真。	陀羅屬火化忌星，入命主災悔　辰戌丑未入廟庭。 寅申巳亥皆閒地，　子午卯酉陷爲真。	火鈴屬火化暴星，入命主刑災　寅卯午戌入廟庭。 辰巳未申宮得地，　子丑酉亥陷爲真。	劫空屬火耗敗星，主不住財　辰戌丑未入廟庭。 其餘諸宮皆不利，　若會凶星愈不情。

○十二宮祿權科忌廟陷論

子	屬寶瓶	權得地　祿科不得地　忌不佳
丑	屬磨蝎	祿權科得地福盛不怕殺　忌不宜福薄
寅	屬人馬	祿權科中平福慢有殺則破　忌不宜
卯	屬天蝎	祿權科幷吉亦怕殺湊合　忌得地
辰	屬天秤	祿權科最佳殺破不爲害　忌無力
巳	屬雙女	祿權科中平福慢　忌凶
午	屬獅子	科得地　祿權不得地　忌凶
未	屬巨獅	祿權科中平福慢殺沖反爲害　忌無力
申	屬陰陽	科權得地　祿不得地　忌吉
酉	屬金牛	祿權科俱不得地　忌得地
戌	屬白羊	祿權科得地　福厚且貴　忌凶
亥	屬雙魚	祿科得地　權不得地　忌不佳

○十二宮諸星生剋制化論

寅卯辰屬木，巳申屬土，午未屬火，酉戌屬金，亥子丑屬水，宮分各有所屬。武曲屬金，貪狼屬木，廉貞屬火，巨門屬土，破軍屬水，禀性各有分野。凡看數者先取生旺墓庫，次看星辰落在何宮。假如金入火鄉，木入金鄉，水入土鄉，火入水鄉，土入木鄉，是爲受制，受制則爲有化，其福與禍亦不可執一例而推。如文昌金曜在午，乃入火鄉，入廟謂之星臨廟位，必見剋戰之機。但不可逢空，若得天機同位，天機乃木曜，木能生火。逢土謂之有用，餘仿此。又如文曲水曜在午，逢文昌金曜同垣，其文昌文曲氣味相投，謂之水火既濟，亦有發輝。若與破軍水曜同宮，文昌受制，是謂水多金沉，雖入廟無用，餘仿此。假如金入土鄉，木入水鄉，水入金鄉，火入木鄉，土入火鄉，是爲得地，雖陷有用。又如廉貞火曜在寅卯木之鄉，爲木能生火，得垣。若武曲金曜與廉貞同度，則武曲爲財，亦無用矣，餘仿此。又如廉貞化忌在亥子丑水鄉，則水能剋火，雖忌無害，餘仿此。此五行生剋制化之理，在學者詳之。

○看命總括

人有合照之星，有正照之星，有拱照夾照之星。然正不如拱，合不如夾，正照偏照之爲禍福難，合照夾照之爲禍福易。何謂正？對宮是也。何謂合？三合是也。何謂拱？四正是也。何謂夾？前後是也。然夾宮雖惡，而本宮見吉星正坐，則亦可以福言。夾星雖善，而本宮見惡曜暗臨，則亦可以凶論。凡身宮宜清貴之宿，命宮宜福壽之星。

陽星主文，又在陽宮，則爲文藻清華之士。陰星主武，在廟旺，又在陰宮，則爲武勇剛猛之人。凡星陽居陽，陰居陰，各從其類，是謂得地。相反者，陰陽錯亂也。一日之間，自卯至申六時爲陽，自酉至寅六時爲陰，然亦有陰陽反背，亦多富貴者，但看拱照何如。故曰：數中議論最精微，斷法在人活變可。

○看命捷法　凡九條

一　看命不過明生剋制化，時數爲緊。最喜坐長生帝旺之鄉，所宜者紫微天府，貴人祿馬之位。怕落空亡，且帝星不宜獨立，方爲有佐之君。殺曜不可群居，乃是凶徒作黨。紫府日月左右夾命，定爲貴斷，廉貞破軍耗囚入命，定作破論。衆善同居，其福必集，諸凶反背，百禍非輕。大限主十年之禍福，小限推一歲之榮枯。大限既衰，小限何補？大限未倒，小限何妨？故流年諸殺，身殺命殺流殺病符死符白虎太歲火鈴官符喪吊之類，見之雖或爲災，若限數堅牢，其災稍免，術者詳之。

一　看命先看本命納音屬何星，如甲子乙丑海中金，即以金星爲主，乃看武曲屬金在何宮分，以辨禍福，餘仿此。若在生旺之鄉，或在貴人之位，與官祿同宮，便爲吉論。若與七殺刑忌同躔，乃爲下等之論。

一　看命要看數法淺深。先以命主爲緊，身主爲次，然後可以宮主參論，便知富貴貧賤定矣。假如土生人，巨門是土星，其星化暗，却不可作暗曜而論，若得地不陷，更有吉化，則爲吉，而不可言禍矣。

一　看命要識大要。於安命安身之後，先看身命坐生旺墓庫之鄉不落空亡，祿馬不落空亡，須以正藏地空爲緊①。次看紫微帝相得地如何，若帝星失躔，則看令星武曲得地何如，方可論富貴。其貴者，先看太陽得度，其富者，又看太陰不陷，其貧者，更看身命宮吉曜皆陷，俱逢惡殺，則便以貧賤論之。

一　看命要審男女富貴之說。如身命皆吉，更遇好限，并無破敗，自然發旺，終身福厚，如松柏之茂，雨露之滋，然後好看。

一　看命要審男女平穩之說。如身命根源堅固，便有運限不稱，亦主家處安然，縱有殺湊破敗之事，凶中有救，身命不妨害也。

一　看命要審男女貧窮之說。如身命無吉，更使惡殺來湊，出身寒微，衣祿艱辛，却能平地發福，只是十年遇好運限，十年後徐徐而退，財散家破，官喪之事必有之矣。蓋因命無吉曜，不能堅固，謂之乍富是也。

①疑有誤。

一　看命要辨男女生死之說。先看小限，次看大限①。大限弱則十年困苦，小限順則一歲榮華。或一年之後，其殃復作。凡論死生，非謂身命無主，只看大小二限太歲逢殺，却看帝祿對沖三合本宮見否，若見則爲敗而不危，若身殺命殺流年諸殺交會大小二限之鄉，帝祿俱陷受制空亡之地，則決死無疑。如能逃過本命，其官孝災疾破財必不能免，此論亦要與倒限之法參看。

一　看女命　夫婦女者，限與男子不同，星與男子各別，以官祿遷移入殺爲陷，以財帛田宅入殺爲次弱，如居生旺亦佳，以身命夫子福德爲正强，若居空亡之地照於身命者，加殺爲孤獨之格，所最緊者，怕桃花入於身命，刑殺會於沖合，斯爲淫賤下斷。又若同梁巳亥，機月寅申，破軍卯酉，俱作淫論。縱其正，以亦主刑剋下賤。若財田夫子，俱得吉曜，允爲吉斷。

○身命二宮論

如身命對宮名曰八座來臨，財官妻福六位化吉，或在廟旺之地，無不富貴。六位俱在陷宮，又化忌星，終不美也。如身命同宮，雖無八座，亦看本宮吉凶以論輕重。如身命各居散宮，身宮亦不可不推，要看廟旺之地，又兼化吉，大小二限逢之，必然通達，縱限步不到，亦爲吉矣。

①此處文義疑有誤。

○命坐陰陽二宮論

如子生人爲陽，丑生人爲陰，陰陽宮位亦如之，俱見前卷。如是陽人安命在陽宮，身亦在陽宮，終身爲美。如落於陰宮雖美，蹭蹬進退而已，陰生人反是。

○命坐墓庫制化論

如水土生人，安命在辰，武曲天府同垣，謂之財庫，主富。如紫微太陽同垣，謂之官庫，主貴。祿存同垣，謂之祿庫，主富。耗暗刑殺囚忌同垣，謂之劫庫，主窮。日月同垣，謂之天金庫，主富。空亡同垣，謂之破庫，主窮，餘仿此。

○命坐空亡論

如甲生人，申爲正空，酉爲傍空，己生人，酉爲正空，申爲傍空，已見前篇。身命值此，惟僧道宜之，俗人不利，惟有截路空亡爲緊，祿馬最忌臨之，如命身值者，亦有局數五行喜忌不同，即如金空則響之類是也，見下節。

○空亡五行制化論

金空則響，火空則焰，土空則陷，木空則折，水空則傾泄下流，此據生命五行納音看，或依五局看亦通。蓋天地陰陽之氣，本立道生，根培末茂，其理如此，宜細推之，入廟旺，多志聰明，遇吉星，衣祿允盛。

○絕處逢生論

如水土絕在巳，却得武曲金星在巳，蓋金能生水，水有不絕之理。又若土居敗地，却得廉貞入廟，則火能生土，土有旺氣，是以危而不敗，餘倣此，亦據五局所屬論。大小二限亦依此斷

○絕處逢吉論

如身命坐敗絕之地，得紫府祿主武曲同垣，或遇巨門輔弼夾命，謂之凶中獲吉，不貴即富，若會貪狼同居子垣，雖遇吉凑，男女皆主淫蕩。

○命坐強宮論

如命身星辰得地，十干祿元來朝，又兼化祿科權，允爲貴斷，作妻財子祿全美之論。如限步巡逢，看到何宮，遇吉者發財發福，逢凶不爲大害，此皆命旺身強之說也。

〇命坐弱宮論

如命身星辰落陷，雖化祿科權，若與忌同垣，或火羅殺湊，即發不住財，祿主陷於凶鄉是也。縱限步巡逢遇吉，亦不過財來財去而已，此皆命衰身弱之說也。

〇男女四正安命論

如命坐寅申巳亥四正之內，吉星化吉者，富貴不小，如加殺化忌，不爲美論。訣云：命逢四正最爲奇，化曜科權祿最宜。加殺化忌爲僧道，女命妮姑寡可知。或云子午卯酉爲四正。

〇男女四庫安命論

如命坐辰戌丑未四庫之中，則寅申巳亥四馬爲夫妻之宮，吉星化吉者，男女富貴，如加殺化忌，不爲美論。訣云：人生安命四墓逢，夫妻事事主興隆。更加化吉來相照，男子爲官女受封。

〇男亥女寅安命論

如男命在亥，女命在寅，紫微守命，壬甲生人合格，多主富貴之論。訣云：男子居要地，女人任優游。富貴皆雙美，香閨守白頭。

○命坐正曜論

本命坐南北二斗正曜吉星，三方四拱又得吉照，如逢吉多，又化權祿，富貴之論。如逢吉少，又化忌者，平常之論。若羊火加殺來湊，亦以中斷。

○命坐從曜論

本命坐南北二斗從曜吉星，得祿權科坐拱，更有天貴左右昌曲助命，主聰明近貴，始終順意之斷。若會凶星，平常。

○命坐孤星論

如一星守命，遇吉廟旺，終身福厚，怕逢陷地。或大小二限遇紫微日月左右相會廟地，限內稱意。如遇命中二星係南北二斗，上五年以北斗推之，下五年以南斗推之。

○命無正曜論

如命宮無南北二斗正助星曜，主少年災多，財福不旺，一世迍邅，或過房乞養，二姓延生，方免本身大難，不然，亦主自小入贅，或隨母保舍寄名之類。其人若遇好限，亦主財祿僅足，若臨惡限，災不可測。

○命坐惡曜論

如命坐羊陀忌宿太歲諸殺，幷二限巡逢宮中吉多，尚宜加慎，若命星有忌，加羊火凶限臨之，更遇太歲喪門吊客白虎飛廉等殺，必見財破人亡。

○合局化吉論

如合局化祿權科吉，本星得地，此以富貴全美論，若失陷，雖有化無用。亦有合局無化，但福德田宅官祿父母宮化吉者，若身命無破，亦主富貴。

○合局化凶論

如合局化凶，不逢化吉，此以平常論，若本星吉多，雖無吉化，終身福厚，若吉少，亦以平常論。

○上等格局論

夫上格者，內有貴星入廟，不入廟加吉，主極品富貴。如羊陀等殺化忌，雖爲不美，亦作財官論。限逢惡曜，不過破財口舌之撓，不爲大害。

○中等格局論

夫中格者，吉星化忌，不犯羊陀等殺，作平常之論。限逢吉曜，一年平穩，如遇惡殺，破財口舌官非必有，不輕放過。

○下等格局論

夫下局者，星辰失陷化忌，又犯羊陀等殺，方以下賤論之。限逢吉曜，平常，限逢惡殺，家破人亡，口舌官非，方免自身大難，若見身亡，別禍可免。

○男女淫邪論

如貪貞巳亥，破軍卯酉，更加殺忌劫宿，雖遇吉，必主男奸女淫，亦且夭年，不過三十歲，或過三十歲後亦能發達亨通，但久後不得善終也。訣云：貪貞巳亥宮，遇吉福全豐。行過三十歲，提防不善終。

○男女傷殘論

如命宮星辰廟旺，主少年發達，而中途有犯疾者，必羊陀火星空劫沖守。再看疾厄宮，有貪貞破武加殺化忌，又遇惡限加臨，必見殘傷面目，肢體損傷，殘疾延壽之斷。惟巳亥守命者尤准，其餘宮或遇化吉可解。如疾厄宮在酉戌亥見太陽，卯辰巳見太陰，必主血氣疾亡。

○先貧後富論

此以大小二限取斷，凡身命有正吉曜，但出門運限不如，或逢陷地，或逢殺曜，及至中年限好，則發福亨通，蓋以身命星强故也。訣云：初年平平福，中年發財穀。鄉黨有聲名，家道常富足。

○先成後敗論

亦以大小二限取斷，凡身命無正吉星，縱有或非廟地，但出門便行好限，或遇吉星化吉，內有發達成家，功名遂意者，及至限衰，則命益見其弱，便保守不住，蓋以身命原弱，不能悠久之說也。訣云：少年財祿足，中年退官祿。只因運不生，財耗并壽促。

○身命十二宮吉凶星訣便覽

一　命宮

紫府日月爲上貴，廉貞武巨同曲配。
天機左右祿相梁，命裏相逢多富貴。
羊陀殺破火鈴中，天使天殤地劫空。
若是命宮居陷地，奔波夭折主貧窮。命立敗絕，星辰失垣，俱爲陷地。

又

紫微　形貌敦厚，面帶紫色。入廟，富貴雙全，不入廟，平常之論，加殺，僧道宜之。

太陽　廟，富貴，三方吉拱，科甲。陷，平常夭折，爲人聰明。

天同　廟旺，聰明，文藝精通，博學多能，機巧，富貴高壽，不貴亦主大富。陷地，詭譎多慾，口談仁義，平常。

天機　廟旺，主人性急好善，作事有力，察見淵深。如化吉，富貴，陷地，多奸詐，平常論。

武曲　廟，志略多能，功名有分。加殺，僧道風流。

廉貞　情性耿直，無禮，遇吉亦好學近古。廟旺，富貴，陷地，平常。非，一生有唇舌之撓。

天府 爲人聰明，齒白唇紅，節行高致，多學多能。廟旺，富貴，陷地加殺，巧藝安身。

巨門 廟旺，富貴，陷地加殺，作事顛置，大事小成，情性不常，皆是面非，一生有唇舌之撓。

天梁 廟旺，富貴，陷，平常，孤貧寡合招非。

七殺 爲人沉吟性剛，廟旺，主貴，陷，貧夭，刑六親。

左輔 廟旺，富貴，福量寬和，子息葉吉，陷，亦平穩。

文昌 廟旺，富貴人，爲人俊秀，有志讀書，陷地，平常。

文曲 主爲人多學，廟旺，富貴，陷地，夭壽。

太陰 主人聰秀慈祥，清閒儒雅。廟，富貴，陷，貧夭。

貪狼 主人性直，風流好色。廟旺，富貴，如遇火星，尤當好學大貴。陷，主平常巧藝。

天相 廟旺，衣衾足，福有餘，爲人敦厚和平，聰明秀麗，富貴之論，陷地，平常。

破軍 廟旺，富貴，陷，平常，孤貧寡合招非。

右弼 廟，發達進財，爲人俊秀，□□子貴，出類超群，如單居，□□□①，陷，平常。

魁鉞 主富貴，常人亦富，且近貴人。

①原頁殘破，據字距定『□』數。

祿存	主爲人重厚，廟旺，富貴，白手起家，陷地，平平。
地劫	主人性急，終非全吉。
地空	主人情性不常，多執己見，難爲祖業，吉多亦平。
陀羅	入廟，主貴，發達，陷，主孤貧，心事不平。
天姚	入廟，好，亦主風流，陷主酒色昏迷。
化忌	主一生多災，事不順遂，如得地，亦平。常。
火鈴	廟旺，性剛不奈靜，讀書可貴，陷地，貧賤，異母延生，僧道爲福，與地空同。
擎羊	主刑傷，吉多則吉，陷地招凶。
天刑	主刑剋。
祿權科	得地，主富貴，失陷，亦平常。

二 兄弟

紫微得地祿文和，府相同梁左右多。
貪武火鈴連殺破，陷宮不必問羊陀。
府相同梁兄弟和，陰陽左右祿文多。
天機貪狼心不一，火鈴殺破路相過。

又

紫微 會昌曲，五七人，加羊陀七殺火鈴，但宜雙，破在內，不得力，主各胞兄弟。

武曲 主二人，得一人力，加四殺，剋，破軍七殺主各胞，不然亦不和。

廉貞 廟旺，主二人得力，閒宮陷地，剋，加吉，一人欠和。

天府 廟，主五人，加左右曲，得力，加七殺，武，招怨。加四殺，得二人，陷，少，各胞吉，旺加殺，亦剋，閒宮生離。

巨門 二三人，欠和，入廟吉，加昌曲左右，得力主和。

天機 只一人，宜各胞，如廟旺，三二人，有貴。

太陽 主三人，陷，主剋，異居可也，加四殺，有亦不得力，如入廟化忌，逢劫空，雖多，亦各胞。

天同 主五人，加陀羅火鈴，剋。得二人分。見天梁主姊妹招夫。

太陰 主四五人，陷地加殺，不得力，亦有三人。

貪狼 廟旺，三人，閒宮陷地，主剋，生離，有亦不同心，欠和，庶出者，吉。

天相 主五人，加殺忌，少，欠和，異母吉，親者傷，值魁鉞，主有貴兄弟。

七殺 主孤剋，只有姊妹，加吉一人，宜各胞吉。

左輔 主四五人，加府曲昌同左右，得力，加四殺，二人。

文昌 主五人，加府曲左右，得力，加羊陀，二人，沖，亦然。

火鈴 廟旺，二人，不得力，閒宮，一人，陷剋，獨。

陀羅 主寡合，各胞吉，加羊，主剋，有亦不多。

空劫 主無，加吉多，一人。

天梁 孤遲，只得姊妹，加同府左右吉多，主二人，加羊陀火鈴，

破軍 主剋，加吉，三二人，亦不和，加火羊，孤獨。

右弼 主三人，加殺武陀火，主剋，不得力，異母有分。

文曲 主五人，加府曲左右，得力，加羊陀，二人，沖，亦然。

羊忌 雖有不濟，弟兄有敗家之兆，不和，終主剋。

刑姚 主刑傷不和。

祿權科魁鉞 主弟兄中有一貴者。

三 夫妻

紫府同梁左右和，祿文日月兩相宜。
貪羊七殺皆三度，鈴武廉陀夫婦離。

紫微

男主妻疑，內助旺夫。女主夫榮，有刃，宜招夫長。加火鈴，剋夫，無殺，婚早，性剛曉事。

太陽

主和，加四殺，男女皆剋，男主妻多。

天同

男主妻小聰俊，早娶，女主夫長，諧老，陷地加殺貪巨，主剋，或有對不刑。

天府

男主妻小聰明，女主夫長，加四殺，主剋，婚遲。

貪狼

男主妻遲，早婚有剋，加四殺，生離，女主夫長，遲。

天相

因親成親，男女皆吉，男宜妻長，早婚，無殺，諧老，加羊陀，剋。

武曲

男主妻性急，女主夫貴，加四殺，生離剋害。

天機

男主妻小，性剛早①。女主夫長，加巨火刑忌，生離不和。

廉貞

男剋三妻，女剋三夫，加四殺不一，生離。

太陰

男主妻多聰俊，女主夫長早聘，有權印。失陷加凶，剋夫剋妻。

巨門

男主刑妻，剛者可對，女宜夫長可對，男遇權祿昌月機，主妾，加四殺遇昌，主離剋。

天梁

男主妻長，疑逆性剛，女主夫長，性剛，加權祿，吉，加殺，欠和，有刑。

①『早』字後一字不清。

七殺

男女皆剋，有對則可，晚婚吉，加四殺，男剋三妻，女剋三夫，欠和。

左輔

男主妻小，敦厚通達，見昌曲，美貌，見機月，妻多。女主夫吉，加四殺，刑。

文昌

男主妻小聰俊，且多，見曲機同巨，美貌，加四殺，剋，主妾。女主夫貴，加四殺，有對不刑。

祿存

男女皆主婚遲，吉，加殺，偏房，四殺必剋。

羊陀

入廟，吉，不入廟，剋，加四殺，巨機武殺，生離。

劫空忌

廟旺，男女皆吉，見殺破廉，必剋，亦無妻財。

破軍

男女皆剋，宜晚婚，加四殺，主離，到老不得妻力，或化吉，好，如昌同宮亦好。

右弼

男主妻聰性剛，見昌曲，美貌，見機月，妻多。女加刑殺，剋夫。

文曲

男主妻小聰俊，且多，見曲機同巨，美貌，加四殺，剋，主妾。女主夫貴，加四殺，有對不刑。

火鈴

男女皆剋，遲婚吉，加羊陀七殺巨門，亦剋。

祿權科魁鉞

男主宦家女，女主夫貴。

四 子息

紫府同梁武曲多，廉貞左右佩鴻珂。
巨陽破殺傷頭子，祿存七殺一二柯。
貪陽火鈴定遭傷，得此應知喜不常。
機相少無臨後有，忌陀必定是外厢。

又

紫微 主三男二女，見左右昌曲，主貴，加七殺，二人，如見四殺，庶出者吉。

太陽 男女五人，或三人，陷地加四殺，剋，庶出貴。

天同 男女五人，加吉，貴，加四殺，得二人力，見梁空，主孤，偏生吉。

天府 男女五人，加七殺曲，主二人，宜庶出，四殺，不得力。

貪狼 廟旺，男女三四人，陷，孤□①，一子半子，縱有庶出，亦不如借子得力。

天機 庶出并外子得力，或女招婿，加吉，一人分，加四殺，剋。

武曲 主剋，加吉，一子分，外子得力，臨老二子庶出。

廉貞 主一子，加貪巨四殺，庶子得力，七殺，偏生。

太陰 廟旺，三子，陷，主孤，有亦不得力，庶出外子吉，或主二三人過房，有獨居卯宮，亦三子。

巨門 男女二人，加四殺，剋，見同右左，親子得力，庶出送老，如會機左，在酉宮，亦五子。

①原字上部『匕』，下部『九』，形近『）』，即『長』之古字。又疑是原木刻『克』『剋』或『老』字的誤刻。

天相 主三人，外子得力，如破軍四殺，庶出遲吉。

七殺 孤剋，晚庶吉，親生者或一人，宜二姓吉。

右弼 男女三人，加殺武火陀，剋，或一人不得力，二母二分。

文曲 男女五人，加吉得力，加殺四殺，剋。

羊陀 主孤，有亦不得力，庶出外子吉，主二三人，過房。

火鈴 孤剋，加吉，一子分，庶出外子得力，或半子之分。

祿權科魁鉞 主生貴子。

天梁 宜先見女，外子得力，見左右昌府，一子庶出，加四殺，有亦不得力。

左輔 男女五人，加曲左右，貴，得力，加陀火，二人，亦終有刑傷。

文昌 主五人，加曲府左右，貴，加四殺，剋，二人送老。

祿存 主孤，庶出外子得力，逢吉，一人分，如子多，送老亦不見。

劫空忌 無子。

五 財帛

紫府相廉祿滿倉，陰陽左右及貪狼。羊陀廉殺閒中有，機與火鈴空劫囊。

紫微 主財足千箱，逢殺，先難後易，加四殺，先易後難。

太陽 財帛豐盛，陷地，勞碌生財。

天同 白手成家，財帛晚聚，陷地，破耗。

廉貞 成敗不常，先難後易。

太陰 廟旺，富貴財多。陷地，成敗不一，終不聚財。

巨門 成敗不一，鬧中聚財，先難後易，加羊陀，亦然，見地空，財不聚。

七殺 入廟，鬧中進財，陷地，成敗不一。

文昌 入廟，豐阜成聚，陷地，破耗不一，鬧中進財。

天機 白手成家，財祿豐足，中破後成，巧藝生財。

武曲 入廟化吉，鬧中進財，白手成家，陷地加殺，財來財去。

天府 財帛豐盛，田宅廣闊，遇吉星，財多。

貪狼 四庫之地，吉。見火鈴，晚年發財，先難後易。

天相 財帛豐足，加四殺，成敗不一。

天梁 入廟，財帛成就，加四殺，先難後易。

破軍 財不聚，加四殺，辛苦得財，橫成橫破，如加吉，一發如雷。

文曲 同前斷。

火鈴 散財，勞苦，入廟發財。

六疾厄

紫府同昌左右無，羊陀七殺損肌膚。
男女四殺休逢日，緲裸年來疾厄痛。

紫微 平生吉多凶少，縱有疾，逢吉可醫。

太陽 頭風寒濕之災，加羊陀，陷地，目疾。

天同 氣疾，寒熱風邪之災，加吉，平和。

廉貞 腰足目帶疾，痔疾，入廟加吉，平和。

太陰 血氣之災，加四殺，寒熱氣疾，陷，主痰火。

巨門 血氣血蠱，加四殺，四肢寒疾，唇舌有破。

天梁 吉，加火鈴，殘疾。

祿存 財積倉箱，加殺，先難後易。

左右祿權科魁鉞 幷吉。

天機 主熱毒濕氣，加火陀，四肢目疾。

武曲 廟，災少，陷，四肢帶疾，有風痰之恙，加七殺四殺，痔疾夙瘡。

天府 吉利，雖災有救。

貪狼 入廟，災少，陷，腰足帶疾，痔疾，加火鈴，眼昏。

天相 平和，皮膚疾，陷，主殘疾。

七殺 痔疾，氣疾，寒濕疾，加羊陀，四肢疾。

破軍：目昏氣疾，會貪貞，腰足疾，居戌，主風邪，女人會武曲巳宮，氣蠱疾。

左右昌曲：幷吉。

七　遷移

紫府同梁昌曲機，陰陽左右火鈴宜。
廉貞巨武羊陀忌，破殺陷宮多是非。

紫微：貴人扶持出外吉。

太陽：出外吉，發財，貴人扶持。

天同：出外近貴，和順。

天府：出外吉，近貴。

貪狼：出外平和，風流利。

天相：出外吉，貴人提拔。

七殺：出外多忙，鬧中安身，會貪囚耗忌，死於外道。

羊陀：足目疾，皮膚疾，破相。

火鈴：足目破相，皮膚帶疾。

天機：出外多忙，欠安，遇吉星，發達。

武曲：出外勞心，鬧中安身，見吉星，發財。

廉貞：出外勞心，在外多，在家少。

太陰：出外無往不利，近貴，發達。

巨門：失陷，出外招是非。

天梁：出入近貴。

破軍：出外勞心力，欠安。

左輔　出外旺相，遇貴發財。

文昌　出入貴人和合。

祿存　主巨富貴吉。

化權　出入得財，發達。

天鉞　得朋之助。

火鈴　飄蓬不定。

八　奴僕

紫府同機左右存，昌曲日月破軍群。
羊陀火鈴忌逢殺，廉巨難和後必榮。

紫微　主多得力，旺財進寶。

太陽　廟旺，得力發財。

天同　主得力。

右弼　貴人扶持。

文曲　出入平和吉利。

化祿　出入得財利。

天魁　利見大人。

羊陀　與人不足，更改不一。

天機　入廟得二人力。

武曲　得力少怨，但多饑來飽去。

廉貞　招怨少力。

天府 逢吉多得力。

貪狼 入廟，旺相，陷地，無力。

天相 得力旺財。

七殺 主少，縱有亦招奴强，忌生事。

左右 主多得力。

文曲 入廟，得力進財。

火鈴 入廟，平和，陷地，招怨。

太陰 旺相得力。

巨門 招是非，無力，有亦不久。

天梁 入廟，旺相，陷地，無力。

破軍 早年辛苦，末年得力。

文昌 入廟，吉，發財。

羊陀 剛强反逆，常懷怨心。

九 官祿

紫府同梁共曲昌，陰陽貪祿武職强。武廉破巨擎羊殺，左右合沖武職良。

紫微 廟旺，加文昌鉞魁左右，極品之貴，主晚年發達。武職權貴，陷，不利。

廉貞 武職權貴，陷，不利。

天機 入廟，貴格，陷，吏曹，加四殺，閒宮，暗路功名。

太陽 入廟，遇左右昌曲月，一品大貴，陷，不久。

星	
天同	入廟，文武三品職，陷地，吏曹。
太陰	入廟，權貴，會太陽左右昌曲，三品職，不然，辛苦。
巨門	入廟，武職，陷，奔波。
天梁	如午宮，會左右魁鉞，文武職，常人富足，如化祿，大臣職，作尚書。
左輔	入廟，文武職。
右弼	紫府同，拱同昌，文章貴格。
文曲	入廟，遇太陰，權貴，大臣職。
羊陀	廟，權貴，武職，陷，主不足，奔波度日。
祿權科魁鉞	幷貴。

星	
天府	入廟，格貴，文武之才，陷地，刀筆納粟功名。
貪狼	入廟，遇火權星，文武職富貴雙全，陷，平常。
天相	廟，權貴，食祿千鐘，常人富足，加殺，平平。
七殺	廟，權貴，武職不小，文人不奈久，常人亦然。
破軍	廟，富貴不小，閒宮，主納粟雜職，義官之類，如得地，亦主早年辛苦功名。
文昌	入廟，遇太陰，權貴，大臣職。
武曲	廟，權貴，陷，逢沖，平平。
火鈴	廟，權貴，陷，冷職，閒宮，加殺，平常。

十 田宅

紫府廉貞巨祿昌，火鈴日月與機梁。羊陀先破後才發，武相同居左右良。

紫微	太陽	天同	天府	貪狼	天相	七殺	左輔
田園茂盛。	入廟，多得祖業，陷，無。	先難後易。	自置一新，廟旺，始終如一。	因田破財，逢吉，亦自置。	入廟，有分，自置一新。	逢吉，大發，逢凶，破耗。	有分，自置一新。

天機	武曲	廉貞	太陰	巨門	天梁	破軍	右弼
改換不一，如陷地，無分。	更改不一，入廟，自置。	祖業有破，災悔不安。	入廟，有分，陷，無。	因田宅生是非，□□業，入廟，亦自置。	入廟，得祖業。	入廟，自置，陷地，不成家。	有分，自置尤好。

文昌 有分，自置一新。

□□ □□□多。①

火鈴 □□□□，□②吉，自置。

十二福德

紫府同梁左右昌，羊陀旺地落他鄉。
武貪巨破廉機殺，火鈴陰陽陷地忙。

紫微 廟旺，八十四歲。

太陽 入廟，快樂，日貴，壽七十五六外。

天同 壽九十三。

天府 福祿有餘，八十四壽。

貪狼 廟，有貴有壽。

文曲 祖業多。

羊陀 破耗祖業，遇吉，一發。

天機 先難後易，六十三歲。

武曲 入廟，先難後易，辛勤。

廉貞 奔波欠安，六十九歲。

太陰 入廟，快樂，貴格，壽七十三。

天相 福有餘，壽七十。

①原頁殘破
②原頁殘破。

十二　父母

紫府陰陽文曲昌，貪狼左右□□□。機月陀刃貞重拜，火鈴武破殺□□①。

天梁　晚年富貴。

七殺　廟，福壽，陷，勞碌，五十刑夭。

左右　福祿有餘，壽者無比。

文曲　入廟，快樂，壽六十三。

擎羊　勞心力，三十二三。

火鈴　勞碌，四十外。

紫微　主富貴，加羊陀，先剋父，少年宜出家寄養。

太陽　入廟，富貴無剋，陷，平常，有剋，先母后父。

巨門　廟，有貴，壽七十外。

破軍　廟，有壽，陷，無。

文昌　福壽并吉，七十七，或八十三。

祿存　衣食足，福壽全，七十三歲。

陀羅　勞心力，四十八九。

空劫　貧夭。

天機　主富貴，過房吉，加凶，生離剋害，陷，偏生。

武曲　平和，加羊陀，剋害，加殺，先母后父。

①原頁殘破

天同 父母重拜，離祖免災，加凶，早剋。

天府 廟，主父母得祖力，加凶殺，刑剋。

貪狼 父母不得雙全，過房離祖吉。

天相 父母并吉，加殺，不爲害，有壽。

七殺 主剋父母六親，有吉方好。

文昌 主富貴，加殺沖，平常，亦剋。

左輔 父母貴，無殺，無剋，加凶，有刑。

祿存 加吉，父母有貴，無剋，加四殺，多災，過房吉。

火鈴 廟，富貴，陷加殺，平常，弃祖延生，有剋。

刑忌 有剋。

廉貞 加羊陀，刑剋太甚，過房吉，如化忌，主剋。

太陰 廟，無剋，父母平和，加殺，剋。

巨門 少年難養，過房吉。

天梁 父母平和，宜過養，災剋。

破軍 主剋父母，弃祖延生，少年災迍，入廟，亦吉。

文曲 主吉，加破軍，有災，亦不妨壽。

右弼 父母福厚壽高，無凶殺，吉。

羊陀 不雙全，先父後母。

空劫 刑剋，宜庶出，過房吉。

祿權科魁鉞 富貴平和。

此前十二宮諸星便覽，亦其大略，其中吉凶休咎，要在看法活變，臨時制宜，因星辰之制化，宮分之廟陷，以定生命，六親，財官，福田之類，不可盡拘。

○十二宮太歲流年吉凶星論

子年太歲幷小限到子宮　入廟化吉，不入廟化凶

訣云：子午七殺破軍逢，癸庚己夫福豐隆。

巨機癸乙多添福，府相梁星丁己庚。

天同壬丁發財祿，紫府丙戊壬難榮。

如七殺破軍在子宮守命，癸庚己生人發福。

如巨門天機在子宮守命，乙癸生人發福。

如府相天梁在子宮守命，丁己庚生人財旺遂心。

如天同在子宮守命，丁壬生人財官雙美。

如紫府在子宮守命，丙戊壬生人悔吝災傷。丙戊加慎，壬人尤甚。

丑年太歲幷小限到丑宮　入廟化吉，不入廟化凶

訣云：丑宮紫微甲戊辛，機同辛丙福祿臻。

武陽戊丙貞府戊，天相辛人福總榮。
天機戊癸壬爲悔，梁丙辛戊遇長生。
武曲壬癸多悔吝，太陽甲乙禍來侵。
貞丙庚人偏作咎，同見庚丁福不興。

如紫微在丑宮守命，甲戊辛生人旺相。
如天機天同在丑宮守命，丙辛生人旺相。
如太陽武曲在丑宮守命，丙戊生人旺相。
如天府廉貞在丑宮守命，戊生人旺相。
如天相在丑宮守命，辛生人旺相。
如天梁在丑宮守命，丙戊辛生人旺相。
如天機在丑宮守命，戊癸壬生人悔吝。
如武曲在丑宮守命，壬癸生人悔吝。
如太陽在丑宮守命，甲乙生人悔吝。
如天同在丑宮守命，丁庚生人招官非。
如廉貞在丑宮守命，丙庚生人悔吝。

寅年太歲并小限到寅宮　　入廟化吉，不入廟化凶
訣云：寅微日月武曲宿，七殺庚己丁甲良。
　　貪丙戊癸多招悔，廉貞戊丙禍無方。
　　破壬丙戊官災悔，申子辰人限作殃。
如紫武陰陽梁殺在寅宮守命，丁己庚甲生人旺相。
如廉貞在寅宮守命，丙戊生人悔吝破財。
如貪狼在寅宮守命，丙戊癸生人悔吝。
如破軍在寅宮守命，丙戊壬生人官災。
大概申子辰生人不宜行寅申限并流年遇之悔吝。

卯年太歲并小限到卯宮　　入廟化吉，不入廟化凶
訣云：卯紫機陽天相宿，辛乙丁壬福祿濃。
　　天府天同并武曲，乙辛壬遇運亨通。
　　貞甲庚丙多爲福，太陰庚甲乙位凶。
如紫機陽相在卯宮守命，乙辛丁壬生人雙美。
如天府武同在卯宮守命，乙辛壬生人順遂。

如廉貞在卯宮守命，甲丙庚丁生人災非破悔。
如太陰在卯宮守命，甲乙庚生人悔吝破財官災不免。

辰年太歲幷小限到辰宮　入廟化吉，不入廟化凶
訣云：辰紫殺貪庚癸甲，機陽庚與癸丁榮。
　同丙辛癸應爲福，武貪庚癸戊爲榮。
　同門丁庚多悔吝，貞遇壬丙多災攻。
　太陰甲子爲不順，天同戊己福難豐。
如紫微貪殺在辰宮守命，癸庚甲生人財旺。
如天機太陽在辰宮守命，丁癸庚人進財順意。
如天同在辰宮守命，戊癸庚①生人順遂。
如貪狼武曲在辰宮守命，庚癸②生人吉利。
如天同巨門在辰宮守命，丁庚生人悔吝。
如廉貞在辰宮守命，壬丙生人不順。

①歌訣作『丙辛癸』。
②據歌訣，『庚癸』後當有『戊』字。

如巨門在辰宮守命，丙辛生人順遂[1]。
如太陰在辰宮守命，甲子生人悔吝。
如天同在辰宮守命，戊己生人悔吝。此宮星陷者，皆不吉利。

巳年太歲并小限到巳宮　入廟化吉，不入廟化凶
訣云：巳微府同門相宿，梁破辛丙戊爲奇。
　　太陽正遇壬辛丙，機丙辛壬丁最宜。
　　貪狼甲戊多爲美，陰乙貞癸丙尤低。
如紫府同巨相梁破在巳宮守命，丙辛戊生人發達。
如太陽在巳宮守命，壬辛丙生人發財。
如天機在巳宮守命，丁壬丙辛生人發財。
如貪狼在巳宮守命，甲戊生人發福。
如廉貞在巳宮守命，癸丙生人破財招非。
如太陰在巳宮守命，乙生人悔吝。

①此斷語歌訣無。

午年太歲幷小限到午宮　入廟化吉，不入廟化凶

訣云：午紫陽同貞武①，天梁破宿福財添。
　丁己甲癸方如格，機遇甲乙丁癸堅。
　門癸乙甲多爲福，貪癸壬丙福連綿。

如紫陽武同貞梁殺破在午宮守命，丁己甲癸生人進財。

如天機在午宮守命，癸甲丁乙生人旺相。

如巨門在午宮守命，癸甲己②生人進財。

如貪狼在午宮守命，丙壬③生人損財不利。

未年太歲幷小限到未宮　入廟化吉，不入廟化凶

訣云：未紫府同梁相殺，壬乙逢之財祿豐。
　太陽庚人多有美，太陰甲乙悔多凶。
　武曲癸壬多悔吝，天相庚丁福不隆。

---

①『午紫陽同貞武』後，據斷語當有『殺』字。

②此處『己』字，當作『乙』。據歌訣爲『癸乙甲』。

③據歌訣，『丙壬』後當有『癸』字。

如紫機①府相梁殺在未宮守命，壬乙生人發福進財。

如太陽在未宮守命，庚生人發福進財。

如太陰在未宮守命，甲乙生人悔吝。

如武曲在未宮守命，壬癸生人悔吝。

如天相在未宮守命，丁庚生人悔吝。

申年太歲幷小限到申宮　入廟化吉，不入廟化凶

訣云：申微貞相逢破宿，甲庚癸遇福財榮。
天機庚甲丁癸福，門甲辛庚癸最隆。
同庚貪癸丙爲忌，機戊乙壬運不通。
門丁貞丙壬多吝，不信之時運有凶。

如紫貞相破在申宮守命，庚甲癸生人發福。

如天機巨門在申宮守命，甲庚癸辛丁生人發福進財。

如天同在申宮守命，庚生人逢忌悔吝。

如貪狼在申宮守命，丙癸生人悔吝。

①此處『機』，據歌訣作『同』，按天同在未爲得地，天機在未爲陷地，按義當從歌訣。

如天機在申宮守命，戊乙壬生人悔吝。
如巨門在申宮守命，丁生人悔吝。
如廉貞在申宮守命，丙壬生人悔吝。

酉年太歲并小限到酉宮　入廟化吉，不入廟化凶
訣云：酉微丙乙戊爲美，機乙丙辛福最榮。
　太陰辛丙戊如局，同陽甲乙庚壬凶。
　武曲癸壬多主悔，貞庚甲丙作災攻。
　天府逢庚壬甲旺，甲庚武相悔重重。
如紫微天機太陰在酉宮守命，丙辛乙戊生人發財。
如天同太陽在酉宮守命，甲乙庚壬生人悔吝。
如天府在酉宮守命，壬庚甲生人旺相。
如武曲在酉宮守命，壬癸生人悔吝。
如廉貞在酉宮守命，庚甲丙人災咎。
如貞武府相在酉宮守命，甲庚生人悔吝。
戌年太歲并小限到戌宮　入廟化吉，不入廟化凶

訣云：戌宮紫壬丁己甲，天機甲乙丁己榮。
武貞丁己庚甲貴，太陰丁己甲戌中。
同貪破殺丁己甲，門癸丁辛己亦豐。
梁癸災攻福不至，天機壬癸運難通。
武曲癸壬丙不順，太陽甲遇最爲凶。
天同庚遇多災咎，門貞丁丙悔重重。

如紫微天機在戌宮守命，甲乙丁己壬生人發福。
如武曲廉貞太陰在戌宮守命，甲庚丁己戊生人進財。
如同貪破殺巨門在戌宮守命，甲己辛丁生人旺相。
如天梁天機在戌宮守命，戊壬癸生人不利。
如武曲太陽在戌宮守命，壬丙甲生人不順。
如天同在戌宮守命，庚生人不順。
如巨門廉貞在戌宮守命，丁丙生人災悔。

亥年太歲幷小限到亥宮　入廟化吉，不入廟化凶
訣云：紫府同門梁亥地，壬丙戊癸喜相迎。

太陰丙戊丁己美，機乙壬丙作財星。
天相乙丙戊爲貴，武陽壬戊有災驚。
貞丙癸遇非爲美，流年太歲細推明。

如紫府同梁巨門在亥宮守命，壬丙戊生人利益。
如天機太陰天相在亥宮守命，乙壬丙戊丁己生人發達。
如太陽武曲在亥宮守命，壬戊生人悔吝。
如廉貞在亥宮守命，丙癸生人悔吝。

此前所論，據太歲坐守十二宮流年內，看有何吉凶，星辰專斷流年，遇吉斷吉，遇凶斷凶，吉多禍少災輕，凶多喪亡孝服火盜官非口舌，災禍連綿，方免本身大難，終不輕放過。要知此法，只看流年太歲巡逢十二宮遇命宮依此斷，及小限臨之，亦與同斷，恐習者不諳，故逐一開布前列。

○太歲流年營運出行吉凶論

太歲流年所值當年，動靜何如，或動或不動，宜取吉凶星看可出入否，不問守照何宮，但守臨遷移財官三方最利，又有吉星紫府陰陽同梁天機，入廟尤吉，陷地平常，加殺則凶，惟守舊可也。

訣云：太歲流年動若何，遷移官祿福財多。

紫府機梁同日月，出入經營處處和。

財帛橫發常逢貴，陷宮守舊不宜那。

人遇此年詳凶吉，准依判斷不差訛。

○羊陀迭并七殺重逢論 在太歲流年上看

如甲生人祿存居寅，則卯爲羊刃，丑爲陀羅，或遇流年癸祿居子，則流羊與丑宮陀羅共處，或遇流年又是甲祿居寅，則流羊流陀與本命羊陀同宮，是謂羊陀迭幷。更遇三合有七殺與流年七殺交會，是謂七殺重逢，餘仿此。

或云如庚生人安命在卯，遷移在酉，遇羊刃官祿在未，遇陀羅①，或遇流年丁己，祿居午，

① 按卷一定祿存羊陀訣，庚祿在申，則羊刃在未，陀羅在酉，疑原本『遇陀羅』錯置，疑當為『庚生人安命在卯，遇羊刃官祿在未，遇陀羅遷移在酉』。

則流羊未宮合命，或遇流年又是庚祿居申，則流羊流陀與本命羊陀沖合卯宮，是亦謂之羊陀迭并。更遇飛入流年七殺羊刃到命，即七殺重逢，如限行至此，爲禍最毒，入廟，災悔稍輕。

○流年七殺例

寅午戌年殺在北方亥子丑，亥卯未年殺在西方申酉戌。
申子辰年殺在南方巳午未，巳酉丑年殺在東方寅卯辰。

○流年飛入三殺例　奏書　將軍　官符

寅午戌年飛入亥卯未，亥卯未年飛入申子辰。
申子辰年飛入巳酉丑，巳酉丑年飛入寅午戌。

訣云

奏書口舌禍來侵，將軍飛入悔心驚。
官符天災終不免，此是流年三殺星。

此流年七殺，三殺，與本命七殺，太歲羊陀俱不宜見，如或見之，即依迭并重逢論斷。

○倒限論

鼠屬生人莫遇寅 如子生人忌行寅限，伏牛沉馬命須傾 丑人忌午，午人忌丑。虎兔埋蛇應有險 寅卯人忌行巳限，龍蛇切忌本身臨 辰巳人忌行辰巳限。猴人見火多傷己 申生人忌行火限，羊逢酉地禍來侵 未生人忌行酉限。猪犬限逢羊陀忌 戌亥生人忌羊陀忌，雞遇羊陀禍亦深 酉人亦忌羊陀限。

辰巳會天羅，安排丹旐，猪犬逢地網，家破官傷。

訣云

天羅限到多官厄，不利求名求利客。
刑妻害子惹是非，損壽失財防不測。

又云

地網限逢事事凶，主人分散各西東。
日時遇此皆遲滯，剋子刑妻不善終。

○限倒殺臨總訣

大限流年大耗星，更加祿倒必然傾。寶寺鐘鳴夢斷處，英雄豪傑日消冰。巨貞空劫火鈴位，限期到處不宜臨。四正三方二限見，黃泉急脚不須停。更加七殺貪破照，老人童子再無生。

凡看倒限，專看七殺，更看流年七殺三殺及大小二限對宮三合同居沖幷，逢太歲白虎病符死符照限，方可作倒限論。十無一生必矣，若遇紫祿守照，則不可執一論之。

○補注流年二十四位神殺吉凶

太陽太陰龍德福德幷吉，太歲主官非疾病口舌，喪門吊客主孝服虛驚妨妻，白虎主刑傷，官符主官非刑杖，死符主災悔死亡，歲破主破財，病符主災疾。

博士號天貴，主聰明有壽有權。力士號天功，主有操持權柄。青龍號天革，主進財有機變。小耗號天馬，主不聚財半凶。將軍號天雄，主威猛性暴半吉。奏書號天祿，主安福有文書之喜。飛廉號天孤，主刑剋損六畜，喜神號天福，主吉慶喜事。病符號天傷，主災疾。大耗號天空，主破財。伏兵號天將，主刑傷陰謀是非。官符號天非，主口舌刑杖。

○補注男女子息多少論斷

凡看子息，即以子息宮爲主。如紫府陰陽昌曲同左，主男女五人，吉多則依星斷之，以七八九十爲率。加七殺，主二人，加四殺，庶出，有亦剋。如貪巨相右，主男女三人，加殺，遲剋庶出，陷地殺會主孤，若遇吉，一子。如機武廉破火鈴，加吉，一子，或庶出二子，加殺，多孤剋。祿存天梁七殺羊陀主孤，吉多一子，或庶出。此其大概，不可執一，要看吉多吉少，大抵七殺四殺及三方見之，縱有吉星，可保一二子送老，而初生頭子，必難存活之斷也。

一論長生十二宮，以定子息[多少]①。長生宮主七八子，沐浴宮主二子，冠帶宮主三子，臨官宮主三子，帝旺宮主□子，衰宮主二子，病墓絶胎養五宮主一子，死宮主無子。此亦大概，要看本宮星辰凶吉多少，彼此參看爲當。

○補注女命流年值産難訣

訣云　甲雞乙鼠丙羊加，戊見牛羊丁己蛇。馬還庚辛己兔去，壬猪癸虎不堪誇。

假如甲生人，值酉年太歲，大小二限逢之，或命身三方合照，須防生産之厄。

附男女合婚定局於後，凡合婚者，雖以八字中四柱爲主，亦要看斗數中夫妻子息二宮凶吉，便知男女命內壽夭剛柔可對與否，今將合婚定局開載後列，以便參看。

① 原本『子息』二字後頁有破失，『多少』二字按文義補入。

○男女合婚式

男女生年							上元		中元		下元	
甲子	癸酉	壬午	辛卯	庚子	己酉	戊午	男七	女八	男一	女二	男四	女八
乙丑	甲戌	癸未	壬辰	辛丑	庚戌	己未	男六	女六	男	女三	男三	女九
丙寅	乙亥	甲申	癸巳	壬寅	辛亥	庚申	男二	女七	九	女四	男二	女一
丁卯	丙子	乙酉	甲午	癸卯	壬子	辛酉	男四	女八	男八	女八	男二	女二
戊辰	丁丑	丙戌	乙未	甲辰	癸丑	壬戌	男三	女九	男七	女六	男九	女三
己巳	戊寅	丁亥	丙申	乙巳	甲寅	癸亥	男二	女一	男六	女七	男八	女四
庚午	己卯	戊子	丁酉	丙午	乙卯		男一	女二	男二	女八	男七	女三
辛未	庚辰	己丑	戊戌	丁未	丙辰		男九	女三	男四	女九	男六	女八
壬申	辛巳	庚寅	己亥	戊申	丁巳		男八	女四	男三	女一	男二	女一

上中下三元者，如老甲子六十年内生人爲上元，中甲子六十年内生爲中元，小甲子六十年内生人爲下元，如童造是也。吕才總論曰：合得生氣天醫福德爲上吉，主子孫昌盛，雖有犯諸凶，并無忌也。如遇絕體游魂歸魂者，是爲中等，可以辨量輕重而言之。合取命卦通和，月中少忌，然後可以成婚，婚姻之事，理無十全，但得中平之上者亦吉。若遇五鬼之婚，男女多主口舌相連。若遇絕命之婚，於男女各有憂□□□□□□□悦①，又得月吉相當，亦不宜爲之婚也。

① 原本殘破，據字距定『□』數。

○合婚例

生氣
一四　二八　三九　四一
六七　七六　八三　九三

絕體
一九　三六　三四　四三
六二　七八　八七　九一

五鬼
一七　二三　三二　四六
六四　七一　八九　九八

絕命
一五　一二　三七　四八
六九　七三　八四　九六

天醫
一八　二四　三六　四二
六三　七九　八一　九二

游魂
一六　二九　三八　四七
六一　七四　八三　九二

福德
一三　二七　三一　四九
六八　七二　八六　九四

歸魂
一一　二三　三三　四四
六六　七七　八八　九九

假如男命屬中元甲子癸酉等生人，爲男一局，女命屬中元乙丑甲戌等生人，爲女三局，合成一三，得福德上吉。又如男命屬下元丙寅乙亥等生人，爲男二局，女命屬下元戊辰丁丑生人，爲女三局，合成二三，得五鬼下下，餘仿此。

	男命益財	男命退財	女命益財	女命退財
金	七月至十二月生人益女家，十一年財	正月至六月生人退女家，九年財	十二月至五月生人益男家，廿九年財	六月至十一月生人退夫家，十九年財
木	七月至十二月生人益女家，二十年財	正月至六月生人退女家，九年財	三月至八月生人益夫家，九年財	九月至二月生人退夫家，廿五年財
水	正月至六月生人益女家，四十年財	七月至十二月生人退女家，五十年財	七月至十二月生人益夫家，廿七年財	正月至六月生人退夫家，十八年財
火	四月至九月生人益女家，三十年財	十月至三月生人退女家，十九年財	六月至十一月生人益夫家，卅九年財	十二月至五月生人退夫家，卅九年財
土	五月至十月生人益女家，三年財	十一月至四月生人退女家，十九年財	十月至三月生人益夫家，五十年財	四月至九月生人退夫家，廿年財

右金木水火土，依男女本命納音所屬論，假如甲子乙丑生人，則本命屬金，男則七月至十二月生爲益財，正月至六月生爲退財，女則十二月至五月生爲益財，六月至十一月生爲退財，餘仿此。

○男女生月殺神例

男女十二生命	男女骨髓破（男破女家）（女破夫家）	男鐵掃帚（男掃女家）	女鐵掃帚（女掃夫家）	六害六親剋陷不和殺
子	二	正	十二	六
丑	三	六	九	五
寅	十	四	七	四
卯	五	二	八	三
辰	十二	正	十二	二
巳	正	六	九	正
午	八	四	七	十二
未	九	二	八	十一
申	四	正	十二	十
酉	十一	六	九	九
戌	六	四	七	八
亥	七	二	八	七

假如子年生人，二月建生，則爲骨髓破，男正月生，女十二月生，則爲鐵掃帚，六月生，則爲剋陷不和，餘仿此。

○男女四敗例

四敗從生月看	大敗	狼藉	飛天狼藉	八敗
丑申酉年生人	七月	八月	正七月	九月
寅卯午年生人	十月	十一月	正六月	十二月
未戌亥年生人	正月	二月	十一月	三月
子辰巳年生人	四月	五月	二三月	六月

假如丑申酉三年生人，遇七月建生，則爲大敗，八月建生，則爲狼藉，正七月建生，則爲飛天狼藉，九月建生，則爲八敗，餘倶仿此，横看。

右等殺，男女生月犯之，雖得成婚，每多啾唧，合婚者須先看男女合宮，次看生月所犯有無，但命無全吉，苟得男女可對，夫子可合，命宮有吉星者，即取成婚。

二卷終

新刻纂集紫微斗數捷覽卷之三

大宋華山　希夷　陳先生　精著
逸士　玉蟾　白先生　增輯
十八代孫　了然　陳　道　校正
後學　擴泉　譚　貢　編次
金陵書坊　王氏　洛　川　刊行

○斗數指南總論

夫人之生也，禀三才之氣，命有斗格，數有限期，推而知貴賤窮通，論而至玄微奥妙。明生剋制化之理，觀同垣失度之機，壽夭賢愚，貪淫正直，皆有所司，不可概論。紫微，北斗之主宰，天府，南斗之令星。主星尊居其垣，莫可移動，令星專司財庫，最怕空亡。主星若動則衆星奔馳，令星若空則財皆失耗。若不覓其虚實，觀其變遷，則非明斗數之造化者也。故總其大綱，以弁其首云。

○斗數玄微論

希夷先生曰：斗數之列衆星，猶大易之分八卦，八卦非象繫不明，五星非講明何措？是以觀斗數者，再三審動靜之機，第一辨賓主之分。動靜循環不已，主賓更迭無拘，主若無情，何賓之有？賓不能對，何足取哉？愧彼羊陀，惟視祿存之好惡，笑吾日月，也思空劫之興亡。殺有殺而無刑，雖殺有救，刑有刑而孤單，終身不剋。火星旺宮爲富論，羊陀得令豈凶神。兩鄰加侮，尚可撑持，同室與謀，最難堤備。片火焚天馬，重羊逐祿存，劫空親戚無常，權祿行藏靡定。君子哉魁鉞，小人也羊鈴。凶不皆凶，吉不純吉，主强賓弱，可保無虞，主弱賓强，凶危立見。主賓得失兩相宜，運限命身當互見。身命最嫌羊陀，七殺遇之，未免爲凶，二限甚忌貪破，巨廉逢之，定然作禍。命遇魁昌當得貴，限逢紫府定財多。

凡觀女人之命，先觀夫子二宮，若值殺星，定三嫁而心不足，或逢羊孛，須啼哭而淚不乾。若觀男命，始以福財（福德財帛二宮）爲主，再審遷移何如。二限相因，吉凶同斷，限逢吉曜，平生動用和諧，命坐凶鄉，一世求謀齟齬。廉祿臨身，女得純陰貞潔之德，同梁守命，男得純陽中正之心。君子命中亦有羊陀四殺，小人命內豈無科祿權星，要看得垣失垣，專論入廟失廟。若論小兒，詳推童限，小兒命坐凶鄉，三五歲必然夭折，更有限逢惡殺，五七歲必主夭亡。文昌文曲天魁秀，不讀詩書也可人。多學少成，只爲擎羊逢劫殺，爲人好訟，蓋因太歲遇官符。命之理微，熟察星辰之變化，數之理遠，細詳格局之興衰。北極（紫微星）加凶殺，爲道爲僧，羊陀遇惡星，爲奴爲僕。如武破廉貪，固深謀而貴顯，加羊陀空劫，反小志以孤寒。限輔旺星，限雖弱而不弱，命臨吉地，命雖凶而不凶。斷橋截路，大小難行，卯酉二空，聰明發福。命身遇紫府，疊積金銀，二主逢劫空，衣食不足。謀而不遂，命限遇入擎羊，東作西成，限身遭逢輔相。科權祿拱，定爲攀桂之高人，空劫羊鈴，決作九流之術士。情懷舒暢，昌曲命身，詭詐虛浮，羊陀陷地。天機天梁擎羊會，早見刑而晚見孤，貪狼武曲廉貞逢，少受貧而後受福。此皆斗數之奧訣，學者熟之。

○斗數準繩

命居生旺定富貴，各有其宜，身坐空亡論榮枯，專求其要。紫微帝座，在南極不能施功，天府令星，在陷地專能爲福。天機七殺同宮，也善三分，太陰火鈴同位，反成十惡。貪狼爲善宿，入廟不凶，巨門爲惡曜，得垣尤美。諸凶在緊要之鄉，最宜受制，擎羊在身命之位，却受孤單。若見殺星，倒限最凶，福蔭（天同天梁）臨之，庶幾可解。大抵在人之機變，更加作意之推詳。辨生剋制化以定窮通，看好惡正偏以言禍福。官星（天官）居於福地（福德宮），近貴營財，福星（天福）居於官宮（官祿宮），却成無用。身命得星爲要，限度遇吉爲榮。若言子息有無，專在擎囚（廉貞）耗（破軍）殺，逢之則害，妻妾亦然。相貌（即父母宮）逢凶，必帶破相，疾厄逢忌，定有尪羸。須言定數以求玄，更在同年之相合，總爲綱領，用作準繩。

○斗數賦性成形論

數分三十六局，星分一十二垣，入廟爲奇，失度爲弱。欲看其人休咎，先觀性格何如。紫微帝座，主於厚重之基，天府令星，也作中和之體。金烏（太陽）圓滿，玉兔（太陰）清奇，天機主不長不短之標，性情好善，武曲主克剛克强之質，心膽全堅。天相精神，天梁穩重，天同爲仁爲德，肥滿目秀眉清，廉貞好勇好爭，赤燥眼圓眉廣。七殺如子路暴虎馮河，火鈴若豫讓吞炭爲啞。暴虎馮河號凶狠自災，吞炭爲啞謂暗沉俊秀。文昌磊落，文曲英華，在廟必生異志，失垣定有靨斑。左右性純資質厚，羊陀心詐面皮粗。貪狼爲善惡之神，入廟定然上聳；巨門爲是非之曜，得垣自是軒昂。破軍七殺居子午，定顯功勛；地劫地空逢四庫，方興財產。魁鉞臨命，而威儀濟楚，更會三台，而十全規範。星喜吉地，位怕空亡，殺從祿後施威，惡向凶中逞虐。此固天然之相，自然之理，而術者所當先明者也。

○斗數發微論

白玉蟾先生曰：觀夫斗數，與五星不同，按此星辰，與諸術大異。四正吉星定爲貴，三方殺拱少爲奇。對照兮詳凶詳吉，合照兮觀賤觀榮。吉星入垣則爲吉，凶星失地則爲凶。命逢紫府，非特壽而且榮，身遇殺星，不但貧而且賤。左右會於紫府，極品之尊，科權陷於凶鄉，功名蹭蹬。行運逢乎弱地，未必爲災，立命會在强宮，必能降福。羊陀七殺，運限莫逢，逢之定有刑傷，（劫空傷使在內合斷）天哭喪門流年莫遇，遇之定防破害。南斗主限必生男，北斗加臨先得女。科星居陷地，燈火辛勤，昌曲在凶鄉，林泉冷淡。奸謀頻設，紫微愧遇破軍，淫奔大行，紅鸞羞逢貪宿。命身相剋，則心亂而不閒，玄嫗三宮天姚星，則邪淫而耽酒。殺臨三位，定然妻子不合，巨到二宮，必是兄弟無義。刑殺守子宮，子難奉老，諸凶照財帛，聚散無常。羊陀守疾厄，眼目昏盲，火鈴到遷移，長途寂寞。尊星列賤位，主人多勞，惡星應八宮，奴僕有助。官祿遇紫府，富而且貴，田宅遇破軍，先破後成。福德遇空劫，奔走無方，相貌加刑殺，刑剋難免。後學者執此推詳，萬無一失。

○斗數彀率

諸吉星多，逢凶也吉，諸惡星多，逢吉也凶。星更躔度，數分定局。重在看星得垣受制，方可論人禍福窮通。大概以身命爲禍福之柄，以根源爲窮通之機。紫微在命，輔弼同垣，其貴必矣，財（武曲）印（天相）夾命，日月夾財（財帛宮），其富何疑？蔭（天梁）福（天同）臨，不怕凶沖，日月會，不如合照。貪狼居子，乃爲水泛桃花，天刑遇貪，必主風流刑杖。紫微坐命庫，則曰金輿扶禦輦，臨官安文曜（文昌），號爲衣錦惹天香。太陰合文曲於妻宮，翰林清異，太陽會文昌於官祿，金殿傳臚。合（天祿）祿（化祿）守田財，爲爛穀爛金，財（武曲）蔭（天梁）居遷移，爲高商富客。耗（破軍）居敗地，沿路丐求，貪會旺宮，終身鼠竊。殺居絕地，生成三十二之顏回，日在旺宮，可學八百年之彭祖。巨暗同垣於身命疾厄，羸瘦其軀，凶星交會於相貌遷移，傷刑其面。大耗會廉貞於官祿，枷杻囚徒，官符會刑殺於遷移，離鄉遠配。七殺臨於陷地流羊，必見死亡，耗殺忌逢破軍火鈴，嫌逢太歲。奏書博士，得流祿以長乎嘉祥，力士將軍，得青龍以顯其威福。童子限弱，水上浮泡，老人限衰，風中之①燭。遇殺可驚，流年最緊。人生發達，限元最怕浮沉，一世迍邅，命限逢乎駁雜。論而至此，允矣玄微，示爾學徒，勤於參看。

○斗數骨髓賦注解

太極星躔，乃群宿衆星之主，天門運限，即扶身助命之原。在天則運用無常，在人則命有格局。先明格局，次看惡星。或有同年同月同日同時而生，則有貧賤富貴壽夭之異，或在惡限，積百萬之金銀，或在旺鄉，遭連年之困苦，禍福不可一途而斷，吉凶不可一凶②而推。要知一世之榮枯，定看五行之宮位。立命可知貴賤，安身便曉根基，第一先觀福德，再三細考遷移。分對宮之體用，定三合之源流。命無正曜，夭折孤貧，身有凶星，美玉瑕玷。既得根源堅固，須知合局相生。堅固則富貴延長，相生則財官昭著。

蓋命好身好限好，到老榮昌，

①《文本斗數全書》『之』作『燃』。
②《文本斗數全書》『凶』作『例』，於義似更合。

如身命坐長生帝旺之鄉，本宮又得吉星廟旺，及大小二限又遇相生吉地吉星，則一世謀爲，無不順遂。

命衰身衰限衰，終身乞丐。

如身命居死絕之鄉，本宮不見吉化，更會羊陀四殺①空劫諸般惡曜，而運限又無吉星接應，定主貧賤。

夾祿夾貴少人知，夾權夾科世所宜。

如丙丁壬癸生人，在辰戌安命，魁鉞加夾，更遇紫府、日月、權祿、左右、昌曲夾身夾命，是爲夾貴，富貴必矣。如甲生人，身命丑卯，而寅祿居申，是生成之祿，允爲上格。其餘若甲寅，乙卯，庚申，辛酉四位，俱同此格。如甲生人，安命在子，廉貞化祿居亥，破軍化權居丑，是科權祿夾命，定主富貴，餘仿此。

夾日夾月誰能遇，夾昌夾曲主貴兮。

如太陽太陰在身命前後二宮夾，命不逢空劫羊鈴，其貴必矣。如昌曲夾命，亦如之。

夾空夾劫主貧賤，夾羊夾陀爲乞丐。

如命化忌，遇地空地劫，羊陀等殺來夾身命者，及廉，破，武等星值之，定主孤寒下格，如不應，即夭。如命化忌，兼羊陀火鈴來夾者，亦爲下格。若祿在生酉①，雖夾羊陀，不

①《文本斗數全書》『羊陀四殺』作『羊陀火鈴』。

爲下格。又或羊陀空劫不并臨，及三方遇權祿者，亦不在夾敗論，但逢殺運有災。

廉貞七殺，反爲積福之人，

廉貞屬火，七殺屬金，是火能制金爲權，如貞居未，殺居午，身命遇之，奇格也。或陷地化忌，下格。

天梁太陰，乃作飄蓬之客。

太陰居卯辰巳午，俱爲陷地，如卯巳二宮遇天梁坐於身命，定主孤寒，不然，必飄蕩他鄉，耽戀酒色徒耳。②

廉貞主下賤之孤寒，太陰主一生之快樂。

如身命巳亥遇廉貞，乃爲陷地，三方前後又無吉星拱夾，允爲貧賤。如身命自未至子遇太陰，必主富貴，或吉多，富貴不小，或吉少，亦主刀筆功名。

生來貧賤，劫空臨財福之鄉，

此二星財帛福德二宮值之是也，如身命值之亦然。

出世榮華，權祿守身命之地。

此二星身命值之，入廟吉多，定主富貴，如財帛福德宮值之，亦然。

①『祿在生酉』，《文本斗數全書》作『祿在生旺酉地』。
②《文本斗數全書》後有『又云：梁雖不陷，亦不作敦厚之人』，以備考覽。

先貧後富，須還命值武貪。

如命立丑未，二星同宮，蓋武曲之金剋貪狼之木，則木逢制化爲有用，故先雖貧而後方富也。

先富後貧，只爲運逢劫殺。

如身命宮或有一二正曜，出門亦遇吉限，至中年限行絕地，兼遇劫空耗殺等凶，則身命星無力，故後貧也。

文曲文昌，爲人多學多能，左輔右弼，生性克寬克厚。

如辰戌丑未巳亥卯酉安命，遇昌曲二星是也。有昌曲坐命未宮，見羊陀等殺者夭，故看法全要活變，如左右二星坐命，不拘星多星少，亦主寬厚。

天府天相，乃爲衣祿之神，爲仕爲官，定主亨通之兆。

如丑安命，巳酉府相來朝，未安命，亥卯府相來朝是也。甲生人，無殺依此斷，如加殺，不是。

苗而不秀，科星陷於凶鄉，

如科陷於空劫羊陀之中是也，又或太陽在戌，太陰在卯，雖化科權祿，亦不爲美。

發不住財，祿主纏於弱地。

如化祿陷於劫空是也，又或子午申酉宮雖化權祿無用，亦主貧孤。

七殺朝斗，爵祿榮昌，
　如寅申子午四宮安身命，七殺值之是也。亦要左右魁鉞昌曲坐照拱合依此斷，或遇吉限尤美，如加殺，不是。
紫府同宮，終身福厚。
　如寅申二宮安命，值紫府同居，命宮三方左右魁鉞拱照，必主富貴。
紫微居午無殺湊，位至公卿，
　如甲丁己生人，安命午宮，值之入格，主大貴，其餘亦主常貴，如加殺，不是。
天府臨戌有星扶，腰金衣紫。
　如甲己生人，安命戌宮值之依此斷，加殺不是，如無魁鉞左右祿科，亦平常。
科權祿拱，文[1]譽昭彰，
　此爲三化，如身命坐守一化，財帛宮官祿宮二化來合，是爲三合守照，謂之科權祿拱是也。加吉，位至三公。
武曲廟旺，威名赫奕。
　如辰戌二宮安命值之上格，丑未安命次之，宜見權祿左右昌曲諸吉依此斷。
科明祿暗，位列三台，

① 『文』，《文本斗數全書》作『名』。

如甲生人，安命亥宮，值科星守命，天祿居寅，則寅與亥合，故曰科明祿暗。

日月同臨，官居侯伯。

如命安丑宮，日月在未，安命未宮，日月在丑，謂之同臨是也。秘云：日月同臨論對宮，丙辛人遇福興隆。

巨機同宮，公卿之位，

如辛乙生人，安命卯宮，二星守命，更遇昌曲左右，上格。如丙生人次之，丁生人亦主平常，其餘宮分，不在此論。

貪鈴幷守，將相之名。

如辰戌丑未子宮安命值之，是爲入廟，依此斷。如加吉，惟子辰二宮坐守，尤佳，戊己生人合格。

天魁天鉞，蓋世文章，

如身命坐魁，對宮天鉞，身命坐鉞，對宮天魁，是謂坐貴向貴，更會吉化，其貴必矣。

天祿天馬，驚人甲第。

如寅申巳亥四宮安命，值天祿天馬坐守命宮，更三合吉化守照，依此斷，加殺，不是。

左輔文昌會吉星，尊居八座，

此二星身命坐守，更三方吉拱，依此斷，如加殺劫空，不是。

貪狼火星逢廟旺，名鎮諸邦。

如辰戌丑未四宮安命值此，上格，三方吉化拱照尤美。如卯宮安命無殺，次之，加四殺劫空，不是。

巨日同宮，官封三代，

寅宮安命值此，無殺空，上格，申宮次之，巳亥不爲美。如巳有日守垣，亥有巨者，上格。巳有巨者，下格。申有日守命，寅有巨來朝者，亦上格。寅有日守命，申有巨來朝者，平常之人。

紫府朝垣，食祿萬鐘。

如寅安命，午戌紫府來朝，申安命，子辰紫府來朝，是爲人君訪臣之象，奇格也。更遇流祿巡逢，必然位至公卿。如七殺在寅申坐命者，亦爲上格，如化忌加四殺，平常而論。

科權對拱，躍三汲於禹門，

遷移財帛官祿三方對拱是也，或命宮有化，科權祿三方守照，免殺亦然。

日月并明，佐九重於堯殿。

丑宮安命，日巳月酉來朝，爲并明，辛乙生人合格，如丙生人主貴，丁生人主富，加殺空忌平常①。

府相同來會命宮，全家食祿，

三合照臨，更遇本宮吉多，身命無敗，是爲府相朝垣之格，富貴必矣。秘云：府相朝垣格最强，出仕爲官大吉昌。

三合明珠生旺地，穩步蟾宮。

未宮安命，日卯月亥來朝，爲明珠出海，定主財官雙美。如辰日守命，戌月對照，戌月守命，辰日對照，亦主極貴。

七殺破軍宜出外，

此二星會身命於陷地，主手藝安身，出外可也。②

機月同梁作吏人。

此四星必身命三合會全方准，刀筆功名可就。若無四星，三者難成。

紫府日月居旺地，定斷公侯器，

紫午府戌，日卯辰巳，月酉戌亥，又化祿權科，坐守身命是也，如加殺劫空忌，不是。

日月科祿丑宮中，定是方伯公。

丑未安命，日月化科祿坐守是也，如無吉化，雖日月同宮，不爲美也。秘云：日月丑

---

① 《文本斗數全書》作『加四殺空劫忌平常』。

② 《文本斗數全書》此處後有：『殺寅申，軍巳亥論』。

未命中逢，三方無吉福無生。若還吉化方爲美，方面威權福祿增。

天梁天馬陷，飄蕩無疑，

巳亥申宮安命，值天梁失陷，而天馬同宮，又或陷於火羅空劫，依此斷。

廉貞殺不加，聲名遠播。

殺謂四殺也，如卯宮安命值之主貴，亦宜三合吉拱是也，加殺平常，或在未申二宮坐命，無殺亦吉。

日照雷門，榮華富貴，

卯宮安命，太陽坐守，更三方左右昌曲魁鉞守照，富貴不小，甲乙庚辛人合格，加刑忌四殺，亦主溫飽。

月朗天門，進爵封侯。

亥宮安命，太陰坐守，更三方吉拱，主大富貴，無吉亦主雜職功名，丙丁生人主貴，壬癸生人主富。

寅逢府相，位登一品之榮，

寅宮安命，府午相戌來朝，甲生人遇之是也，如加殺不是。如酉安命，丑府巳相來朝，亦貴。

墓會左右，尊居八座之貴。

辰戌丑未安命，二星坐守是也。或遷移，官祿，財帛三宮遇之，亦主終身福壽。

梁居午地，官資清顯，

午宮安命，天梁坐守是也，丁生人上格，己生人次之，癸生人主富，又次也。

曲遇梁星，位至台綱。

午宮安命，二星同宮坐守，上格，寅宮次之。或梁在午，曲在子拱沖者，亦官至二品。

科祿巡逢，周勃欣然入相，

命宮有吉坐守，三方化吉拱沖，或命前三位遇科權祿，皆主富貴。

文星暗拱，賈誼允矣登科。

如命宮有吉，遷移官祿財帛三方有昌曲科星朝拱是也。

羊刃①火星，威權出衆，同行貪武，威壓邊夷。

辰戌丑未四墓安命，遇羊火二星入廟，主文武雙全，兵權萬里。如貪狼武曲遇火旺地，亦與同斷。

李廣不侯，羊刃②逢於力士，

二星守命，縱吉多，平常之論。加殺最凶，女命不論。

---

①『羊刃』，《文本斗數全書》作『擎羊』。

②『羊刃』，《文本斗數全書》作『擎羊』。

顏回夭折，文昌陷於天殤。
如丑生人，安命寅宮，其文昌陷於未宮天殤，流年又遇殺及羊陀迭并之限，依此斷。
仲由猛烈，廉貞入廟遇將軍，
由立命申宮，此二星坐守是也。
子羽才能，巨宿同梁沖且合。
羽立命申宮，子有同，寅有巨，辰有梁，又科權祿左右拱沖是也。
寅申最喜同梁會，
寅宮安命，值同梁化吉，甲庚及申生人富貴，又如申宮安命，值同梁化吉，甲庚及寅生人富貴。
辰戌應嫌陷巨門。
辰戌二宮安命，值巨門失陷，主人作事顛置①，加殺主唇舌之非，刑傷不免，更遇惡限尤凶。
祿倒馬倒，忌太歲之合劫空，
如祿馬臨敗絕空亡之地，而太歲流年復會地劫地空，主剝①雜災悔，發不住財之論。

①『顛置』，《文本斗數全書》作『顛倒』。

運衰限衰，喜紫微之解凶惡。
如大小二限，不逢吉曜，而身命有紫微守照，則限雖凶，亦主平吉，蓋以身命有主故也。
孤貧多有壽，富貴即夭亡。
如命主星弱，及財官子息陷地，亦宜減祿延壽是也，又如太歲坐命，主星又弱，或財官遷移化吉，或又行吉限，定主橫發不久，及十年二十年運過，即夭亡也。
吊客喪門，綠珠有墜樓之厄，
大小二限，遇前有喪門，後有吊客，及太歲逢凶星，必遭驚險是也。
官符太歲，公冶有縲絏之憂。
身命宮二星坐守，及二限又遇官符等殺，依此斷。
限至天羅地網，屈原有沉溺之殃，
二限行至辰戌二宮，逢武曲貪狼，更有太歲，喪吊，白虎及劫空四殺，或一逢沖照，其限最凶。
運逢地劫地空，阮籍有貧窮之苦。
二限十二宮中但遇劫空二星，雖吉多，亦財來財去。如見流年殺曜凶星，定主貧困。
文昌文曲會廉貞，喪命夭年，

①『剝』，《文本斗數全書》作『駁』。

巳亥二宮安命，值之是也，辛生人最忌，若武曲天相財印之星隨之，反爲得權主貴。

命空限空無吉湊，功名蹭蹬。

如命限逢空加殺，其功名必不能就，或有正星吉化，逢空劫命限，亦主燈火辛勤，不得上達。

生處逢空，猶如半天折翅，

命宮值地空坐守，作平常之論，尤恐中年跌剝，倘橫發，必主凶亡。如命在亥，子時生人，命在巳，午時生人是也。

命中遇劫，恰如浪裏行船。

命宮遇地劫坐守，作平常論，亦不住財，若加殺忌尤凶。

項羽英雄，運至地空而喪國，

大小二限俱逢是也。

石崇豪富，限行劫地以亡家。

大小二限臨於夾限之地，更遇流陀等殺必凶。

呂后專權，兩重天祿天馬，

祿存化祿及天馬同守命宮是也。

楊妃好色，三合文曲文昌。

命宮及財官遷移昌曲合照，更會天機太陰必主淫佚。
天梁遇馬，女命賤而且淫，
如寅申巳亥四宮安命，遇天馬坐守，而三方遇天梁合照是也。
昌曲夾墀，男命貴而且顯。
太陽爲丹墀，太陰爲桂墀，如太陽太陰在丑未坐命，而前後二宮有左右昌曲來夾是也。
極居卯酉，多爲脱俗之僧，
紫微爲北極，如坐守命宮，加殺，定主僧道。無殺加吉化，左右魁鉞，常人可貴。
貞居卯酉，定是公胥之輩。
卯酉安命，廉貞坐守，加殺，必作公門胥隸僕役。
左府同宮，尊居萬乘，
辰戌二宮安命，值此二星坐守，更會三方吉化拱沖，必居極品之尊。
廉貞七殺，流蕩天涯。
巳亥二宮安命，值此二星，更加殺，化忌，逢劫空是也。[1]
鄧通餓死，運逢大耗之鄉，
通安命子宮，二限行至夾陷之地，大耗逢之，更會惡曜是也。

① 《文本斗數全書》後有『流蕩天涯，不得守家，軍商在外艱辛』之言。

夫子絕糧，限到天殤之內。

與上同斷。

鈴昌羅武，運至投河，

此四星交會辰戌二宮，辛壬己生人二限行至辰戌，最忌水厄，又加惡殺，必死外道，

如四星在辰戌坐命，亦然。

巨火擎羊，終身縊死。

此三星坐守身命，大小二限又逢惡殺，依此斷。

命裏逢空，不漂流即主貧苦①，

如命宮不見正星，單值地空坐守，更三合加殺化忌，依此斷。加吉，亦不至此甚也。

馬頭帶劍，非夭折則主刑傷。

羊刃②在午守命，卯次之，酉又次之，爲羊落陷地是也。寅申巳亥四宮，陀羅守命亦然，如辰戌丑未不忌。

子午破軍，加官進祿，

子午二宮安命，值破軍坐守，加吉，必然位至三公。

①『貧苦』，《文本斗數全書》作『疾苦』。

②『羊刃』，《文本斗數全書》作『擎羊』。

昌貪居命，粉骨碎屍。
如巳亥二宫安命，值此二星坐守，加殺化忌，夭亡。或官祿宫遇之，亦是。
朝斗仰斗，爵祿榮昌，
七殺守命旺宫是也，如子午寅申爲朝斗，三方爲仰斗，入格者富貴。若遷移官祿二宫，不在此論。
文柱①文華，九重貴顯。
文昌爲文桂，文曲爲文華，如丑未安命值之，更遇化吉，及三合吉星拱夾是也。或無吉化，雖昌曲無用，且夭。
丹墀桂墀，早遂青雲之志，
丹墀謂日居卯辰巳，桂墀謂月入酉戌亥，此六宫，身命值之是也，亦宜見昌曲魁鉞。
合祿拱祿，定爲巨擘之臣。
祿存與化祿在財官二宫合命，或命坐祿，而遷移有祿對拱，皆主富貴。秘云：合祿拱祿堆金玉，爵位高遷衣紫袍。
陰陽會昌曲，出世榮華，
如命坐陰陽，財官二宫昌曲來會，或命坐昌曲，財官日月來會，更遇魁鉞吉星，富貴

①『文柱』《文本斗數全書》作『文桂』，『柱』當是『桂』之誤刻。

必矣。

輔弼遇財官，衣緋著紫。

如命身有正星化吉，遇三方財帛官祿宮有輔弼來朝是也。

巨梁相會廉貪并，合祿鴛鴦一世榮，

巨梁廉貪四星，身命三合相逢廟地，幷吉又如祿存化祿居夫妻宮，有祿來合，亦主富貴。

武曲閒宮多手藝，貪狼陷地作屠人。

武曲巳亥守命加殺者，手藝安身。貪狼巳亥守命加殺者，必作屠牛宰馬之人。或貪貞巳亥，加殺化忌者夭壽。

天祿朝垣，身榮富貴，

如甲生人，立命寅宮，甲祿到寅守命，亦作祿朝垣格。又如庚在申，乙在卯，辛在酉，此四位祿守命宮，俱依此斷，加殺化忌平常。其餘丙戊丁己壬癸生人，在巳亥子午四宮，不爲祿朝垣也。

魁星臨命，位列三台。

如午宮安命，紫微坐守，遇文昌魁鉞同宮，丁①生人奇格。

武曲居乾戍亥上，最怕太陰逢貪狼。

①『丁』《文本斗數全書》作『丙』，按丁年生人祿存在午，丙年生人文昌化科，各有其理，聊備考覽。

武曲在戌亥守命，三方見太陰貪狼化忌，加殺，不爲美也，定主少年不利。或有貪火衝破主貴者，甲己壬①人合格。

化祿還爲好，休向墓中藏。

如武曲，太陰，貪狼化祿守照命宫，更加吉曜，亦富貴。但辰戌丑未四宫雖化吉無用。

子午巨門，石中隱玉，

子午二宫安命值巨門坐守，更得寅戌申辰科權合照，富貴必矣。秘云：巨門子午科權照，官資清顯位三公。

明祿暗祿，錦上添花。

如甲生人立命亥宫，得化祿坐守，又得寅祿來合，蓋寅與亥合之謂也。與前科明祿暗格同斷。

紫微辰戌遇破軍，富而不貴有虚名。

辰戌二宫安命，遇紫微破軍，實爲陷地，必然不貴，縱使發財，亦無實受。

昌曲破軍逢，刑剋多勞碌，

如卯酉辰戌破軍守命，雖得文昌文曲，亦非全吉，若加殺化忌，更不足貴。

貪武墓中居，三十才發福。

①『壬』，《文本斗數全書》作『生』，『壬』疑爲『生』字之誤刻。

如辰戌丑未四墓，得二星守命，定主少年不利，加殺忌，夭年。秘云：貪武不發少年人，運過三十方延壽。

天同戌宮爲反背，丁人化吉主大貴。

蓋天同戌宮本陷，如遇丁生人，則午宮祿存化祿，更得寅辰化吉拱沖，定主大貴。天相亦然，如加殺，僧道下局。

巨門辰戌爲陷地，辛人化吉祿崢嶸。

辰戌巨門坐命，本爲陷地，如辛生人，則巨門化祿，在辰則酉祿暗合，在戌則酉祿夾命，必主富貴，加殺非也。

機梁酉上化吉者，縱遇財官也不榮。

酉宮安命，二星實爲陷地，雖逢吉無力。

日月最嫌反背，乃爲失輝，

太陽在申酉戌亥子，太陰在寅卯辰巳午，則日月無輝，何貴之有？然有日月反背而多富貴者，要看本宮三合有吉化拱照，不加殺是也。故白玉蟾先生嘗曰：數中議論最精微，斷法在人活變可。

身命定要精求，恐差分數。

欲安身命，先辨時辰，時真則命無不應。身命既定之後，即看本宮生旺死絕何如，然後好依星推斷。

陰騭延年增百福，至於陷地不遭傷。

身命星弱，及行弱限，反得福壽，此必心好陰騭所致。余嘗驗之，舍親李逢春，隨兄任湖廣，遇一相師相他壽促，速之歸。及至中途，風阻，見一貧者，周之錢米，其人感德，將親女陪奉，逢春固辭，而回後無一恙。復之兄任，其相師見之，嘆曰：先生陰騭相現矣，後當居台閣。再四問之，春不對，及後徐探，方知其故。今果游泮，此其驗也。

命實運堅，稿苗得雨，命衰限弱，嫩草遭霜。

如命坐陷地，却有四面吉拱，亦爲福論。又如命坐陷地，運逢惡殺，必主災悔。若夫命實運堅，其福不必言矣。

論命必推星善惡，巨破擎羊性必剛。

此三星守命，若居陷地，不但性剛已也，定主唇舌是非，加殺，殘傷破敗。

府相同粱性必好，火劫空貪性不常。

府相同粱皆南斗純陽中正之星，身命值之，必得中和之性。若貪狼遇火，固當富貴，但空劫臨之，則依此斷。

昌曲禄機清秀巧，陰陽左右最慈祥。

昌曲禄機守命，不加四殺，主人磊落英華，聰明秀麗，亦當富貴。如陰陽左右守命，不加殺，主人貌清奇敦厚，度量寬洪，富貴之論。

武破廉貪，沖合四全固貴，羊陀七殺，相雜互見則傷。

身命三合遇武破廉貪守照，更得吉化，富貴必矣。要知紫微能降七殺威權，能使羊陀火鈴相善，故紫微同居命宮固佳，在沖合亦可，但七殺羊鈴終非吉曜，到老亦不得善終全吉。

貪狼廉貞破軍惡，七殺羊刃[1]陀羅凶。

身命三合有六星守照，更兼化忌，不見吉化，定主淫邪破敗，殘傷刑剋，如入廟，見吉化，亦與前同看。

火星鈴星專作禍，劫空殤使悔重重。

大小二限值此凶星，定主災悔多端，如身逢之，加吉，火鈴無害，劫空不宜。

巨門忌星皆不吉，運身命限忌相逢。

夫忌星乃多管之神，十二宮身命二限逢之，皆主不吉，況巨門本非吉曜，若陷地化此，何吉之有？

更兼太歲官符至，口舌官非決不空。

夫太歲官符，本爲興訟之神，況巨門乃是非之曜，又兼化忌臨之，其官訟必不能免。

---

[1]『羊刃』，《文本斗數全書》作『擎羊』。

吊客喪門又相遇，管教災疾兩相攻。
夫吊客喪門，本主刑孝，但不逢七殺刑刃，猶或可免，若災疾則必有也，況忌星尤最生疾。
七殺守身終壽夭，貪狼入命必爲娼。
七殺守身命，陷地加凶依此斷。如貪狼守命，雖不加殺，或在三合照臨，亦男女皆主淫佚，如加殺陷地，則男主飄蕩，女主淫亂。秘云：貪狼三合相照臨，也學韓郎去竊香。
心好命微亦主壽，心毒命固亦夭亡。
二句即前陰鷺之說，下句與上句反看便見。如孔明燒藤甲軍乃減數年之壽是也。
今人命有千金貴，運去之時豈久長。數内包藏多少理，學者須當仔細詳。

○女命骨髓賦注解

府相之星女命纏，必當子貴與夫賢。
午宮安命，二星坐守，甲生人合格，子宮安命，二星坐守，己生人合格，申宮安命，二星坐守，庚生人合格，必做命婦，榮膺封誥是也。
廉貞清白能相守，
此星未宮坐命，甲生人合格，申宮坐命，癸生人合格，寅宮坐命，己生人合格，俱爲上局。

更有天同理亦然。

此星寅宮坐命，甲生人合格，卯宮坐命，甲子①生人合格，戌宮坐命，丁生人合格，巳坐命，丙辛人，亥坐命，丙午生人②，俱合格，主富貴。

端正紫微太陽星，早適賢夫性可憑。

子巳亥三宮安命，二星坐守，不加殺，主富貴。

太陽寅到午，遇吉終是福。

午宮安命，太陽坐守，定主富貴，陷地平常。

左輔天魁爲福壽，右弼天相福來臨。

四星諸宮得地，如身命值此坐守，定主福壽榮昌。

祿存重厚多衣食，府相朝垣命必榮。

祿存諸宮守命幷吉，紫府武相三合守照，不貴即富。惟寅在申，申在寅爲朝垣之格，

甲庚生人上局，辛乙生人次之，如丙戊丁己壬癸生人，遇巳亥子午安命不吉。

①原本作『甲子』，《文本斗數全書》作『乙』，聊備考覽。

②原本作『巳坐命，丙辛人，亥坐命，丙午生人』，《文本斗數全書》作『巳宮坐命，丙生人合格，亥宮坐命，丙辛生人合格』，聊備考覽。

紫府巳亥相互輔，左右扶持福必生。

巳亥二宮安命，遇紫府左右守照沖夾，更兼化吉星多，富貴必矣。

巨門天機爲破蕩，

寅卯申宮安命，巨機逢之，雖爲旺地，然終福不全美。或富貴，不免私情，如落陷地，下賤夭折。

天梁月曜女命貧。

巳亥安命，天梁值之，寅辰安命，太陰值之，縱使貞正，衣食不遂，如陷地，主下賤。

擎羊火星爲下賤，

此星守命，旺宮猶可，但刑剋不免耳，如居陷地加殺，主下賤，不然則夭。

文昌文曲福不生①。

此二星宜男不宜女。

武曲之宿爲寡宿，

此星宜男不宜女，如值太陰得令，三方吉拱，可爲女將，如陷地遇昌曲加殺，主孤。

破軍一曜性難明。

此孤獨淫佚之星，女人不宜，加四殺，必因奸謀夫，因妒害子，不然則爲下婢娼妮可也。

---

①『生』，《文本斗數全書》作『全』。

貪狼內狠多孤曜①，

此名桃花，乃好色之星，不容妾婢，心有嫉妒，因奸謀夫害子，縱不至此之甚，其淫佚最驗。

七殺沉吟福不生②。

此將相之星，若居廟旺，主爲女將。秘云：機月寅申女命逢，惡殺加之淫巧容。便有吉化終不美，僕妾侍奉主人翁。

十干化祿最榮昌，女命逢之大吉祥。更得祿存相湊合，旺夫益子受恩光。

如命坐化祿，又得祿存沖合，或巡逢，或同宮，皆主命婦之貴，不然亦主大富，必生貴子。

火鈴羊陀及巨門，地空地劫又相臨。貪狼七殺廉貞宿，武曲加臨剋害侵。

大抵此數星，女命俱不宜逢，內逢一二，亦主淫賤，若幷見之，其下賤貧夭必矣。

三方四正嫌逢殺，更在夫宮禍患深。若值本宮無正曜，必主生離剋害真。

此論前數星之中，惟七殺三方，四正，命，夫宮俱不宜見，見之者依此斷。

此前論賦，俱係看命要語，學者宜熟玩之，乃有得也。

①『孤曜』，《文本斗數全書》作『淫佚』。
②『生』，《文本斗數全書》作『榮』。

○十二宮諸星得地合格訣

子安命

子宮貪狼殺陰星，機梁相拱福興隆。
庚辛乙癸生人美，一生富貴足盈豐。

丑安命

丑宮立命日月朝，丙戊生人福祿饒。
正坐平常中局論，對照富貴禍皆消。

寅安命

寅宮巨日足豐隆，七殺天梁百事通。
甲己庚人皆爲吉，男子爲官女受封。

卯安命

卯宮機巨武曲逢，辛乙生人福氣隆。
男子爲官縻廩祿，女人享福受褒封。

辰安命

辰位機梁坐命宮，天府戌地最盈豐。
腰金衣紫真榮顯，富貴榮華直到終。

巳安命

巳位天機天相臨，紫府朝垣福更深。
戊辛壬丙皆爲貴，一生順遂少災侵。

午安命

午宮紫府太陽同，機梁破殺喜相逢。
甲丁己癸生人福，一世風光廩祿豐。

未安命

未宮紫武廉貞同，日月巨門喜相逢。沖亦可
女人值此全福壽，男子逢之位三公。

申安命

申宮帝紫貞梁同，武曲巨門喜相逢。
甲庚癸人如得遇，一生富貴逞英雄。

酉安命

酉宮正喜太陰逢，巨日又逢當面沖。
辛乙生人爲貴格，一生福祿永亨通。

戌安命

戌宮紫破對沖辰，富而不貴有虛名。
更加吉曜多權祿，只利開張業店生。

亥安命

亥宮巨喜太陰逢，若人值此福興隆。
男女逢之皆稱意，富貴榮華直到終。

〇十二宮諸星失陷破格訣

子丑安命

子火天機丑巨鈴，此星落此陷爲真。
縱然化吉不爲美，任他富貴不清寧。

寅安命

寅上機昌曲月逢，雖然吉拱不豐隆。
男爲伴僕女娼婢，若非夭折即貧窮。

卯辰安命

卯上太陰羊刃逢，辰宮巨宿紫微同。
縱然化吉非全美，若加殺忌到頭凶。

巳安命

巳宮武月天梁巨，貪宿廉貞共到蛇。
三方吉曜皆不貴，下賤貧窮度歲華。

午安命

午宮貪巨月昌從，羊刃三合最嫌沖。
雖然化吉居仕路，橫破橫成到老窮。

未安命

未宮巨宿太陽藏，縱少災危有剋傷。
勞碌奔波官事擾，隨緣下賤度時光。

申酉安命

申宮機月貪同真，男人浪蕩女人貧。
酉上巨陽兼武破，男女逢之總不榮。

戌安命

戌上紫微文昌逢，天同太陽皆主凶。
男女孤寒更夭折，隨緣勤苦免貧窮。

亥安命

亥宮貪火天梁同，飄蓬浪蕩走西東。
若還富貴也年促，不然僕隸與孤窮。

○十二宮諸星得地富貴論

子宮得地太陰星，殺破昌貪文曲明。
丑未紫破朝日月，未貞梁丑福非輕。
寅宮最喜逢陽巨，七殺天同梁又清。
卯上巨機爲貴格，武曲守卯福豐盈。
辰戌機梁非小補，戌宮天府累千金。
巳亥天機天相貴，午破紫府梁俱榮。
申宮貞巨陰殺美，酉戌亥上太陰停。
卯辰巳午陽正照，紫府破[1]宿巳亥興。
亥宮天府天梁吉，子宮機宿亦中平。

① 原本作『破』，《文本斗數全書》作『巨』，聊備考覽。

七殺子午逢左右，文曲加之格最清。
廉坐申宮逢輔弼，更兼化吉福尤興。
武曲巳亥逢，六甲帥邊庭。
貪狼居卯酉，遇火作公卿。
天機坐卯貴，寅月六丁榮。
巨卯逢左右，六乙立邊庭。
巨坐寅申位，偏喜甲庚生。
二宮逢七殺，左右會昌星。
辰戌遇三宿，必主位公卿。

〇十二宮諸星失陷貧賤論

丑未巨機爲下格，寅申機月福須輕。
卯酉不喜逢羊刃，辰戌紫破最爲嗔。
巳亥同梁貪貞陷，午宮陰巨不堪稱。
申宮貪武爲下局，酉逢機巨日無精。
卯辰巳午逢陰宿，戌亥逢陽亦不榮。

貪殺巳亥居陷地，破軍卯酉不爲清。
加殺遇劫爲奸盜，此係刑邪不必論。
貪狼化祿居四墓，雖然遇吉亦中平。
命纏弱地休逢忌，空劫擎羊加火鈴。
若非夭折主下賤，六畜之命不可評。
旺地發福終遠大，陷地崢嶸到底輕。
二論不過五百字，富貴貧賤別得明。

○定富局

財蔭夾印　相守命，武梁來夾是也，田宅宮亦然。
日月夾財　武守命，日月來夾是也。財帛宮亦然。
馬夾財祿①　馬守命，武祿來夾是也，逢生旺尤妙。
蔭印拱身　身臨田宅宮，梁相拱沖是也，怕坐空。
日月照壁　日月臨田宅宮是也，喜居墓庫。
金燦光輝　太陽單守命午宮也。

① 『馬夾財祿』，《文本斗數全書》作『財祿夾馬』。

○定貴局

日月夾命　不坐空亡，更遇本宮有吉是也。

日出扶桑　日在卯守命是也，守官祿宮亦然。

月落亥宮　月在亥守命是也，又名月朗天門。

月生滄海　月在子守田宅宮是也。

輔弼拱主　紫微守命，二星來拱是也，夾之亦然。

君臣慶會　紫微左右同守命是也，更會府陰武①。

財印夾祿②　祿守命，梁相來夾，入財官二宮亦然。

鴛鴦祿會　天祿，化祿臨身命是也。

祿馬交馳　二星臨身命，更得吉化同垣是也。

祿馬佩印　馬前有祿，印星同宮是也。

坐貴向貴　謂魁鉞在命宮，迭相坐拱是也。

馬頭帶劍　謂馬前有刃是也，不是刃居午。③

①『更會府陰武』，《文本斗數全書》作『更會府相武陰，妙甚』。

②按財爲武曲，而注解爲天梁，則爲『蔭印夾祿』。

③《文本斗數全書》作『謂馬有刃是也，不是居午格』，聊備考覽。

七殺朝斗　見前注解。①

日月并明　見前注解。②

明珠出海　見前注解。③

日月同臨　見前注解。④

刑囚夾命　天刑廉貞同臨身命，主武勇職。

科權祿拱　見前注解。⑤

貪火相逢　謂二星守命，同居廟旺是也。

武曲守垣　武守命卯宮是也，餘不是。

府相朝垣　見前注解。⑥

紫府朝垣　見前注解。⑦

①此處《文本斗數全書》尚有：『寅申子午安命身，值七殺是也』。
②據斗數骨髓賦注解，謂：『丑宮安命，日巳月酉來朝』。
③據斗數骨髓賦注解，謂：『未命安命，日卯月亥來朝』。
④據斗數骨髓賦注解，謂：『命安丑宮，日月在未，命安未宮，日月在丑』。
⑤據斗數骨髓賦注解，謂：『身命坐守一化，財帛宮官祿宮二化來合，是科權祿三合守照』。
⑥據斗數骨髓賦注解，謂：『身命無敗，府相三合照臨』。
⑦據斗數骨髓賦注解，謂：『寅宮安命，午戌紫府來朝，申宮安命，子辰紫府來朝』。

文星暗拱　見前注解。命宮有吉，遷移官祿財帛三方有昌曲科星朝拱①。

權祿生逢　二星守命廟旺是也，陷不是。

擎羊入廟　辰戌丑未守命遇吉是也。

巨機居卯　見前注解。②

明祿暗祿　見前注解。③

科明祿暗　見前注解。④

金輿扶御駕⑤　紫微守命，前後日月來夾是也。

火星暗宮　未詳

○定貧賤局

生不逢時　命坐空亡，逢廉貞是也。

祿逢兩殺　祿坐空亡又逢空劫殺星是也。

①據斗數骨髓賦注解，謂：『命宮有吉，遷移官祿財帛三方有昌曲科星朝拱』。

②據斗數骨髓賦注解，謂：『巨機卯宮守命遇吉』。

③據斗數骨髓賦注解，謂：『如甲生人，立命亥宮，得化祿坐守，又得寅祿來合，蓋寅與亥合之謂也，餘仿此』。

④據斗數骨髓賦注解，謂：『如甲生人，立命亥宮，得科星坐守，又天祿居寅，則寅與亥合，故曰科明祿暗，餘仿此』。

⑤《文本斗數全書》作『金輿扶駕』。

馬落空亡　馬既空，雖祿沖無用，主一世奔馳。
日月藏輝　日月反背，又逢巨暗是也。
財與囚仇　武廉同守身命是也。
一生孤貧　謂破守命居陷地是也。
君子在野　謂四殺貪刑交會而吉臨陷地是也。
兩重華蓋　謂祿存化祿坐命遇空劫是也。

○定雜局

吉凶相半　命有正星，限吉則發，限衰不發是也。
枯木逢春　謂命衰限好是也。
步數無依　前限接後限，連綿不分是也。
水上駕屋　一年好，一年不好是也。
祿衰馬困　限逢七殺，祿馬空亡是也。
衣錦還鄉　少年不遂，四十後行墓運是也。
風雲際會　身命雖弱，二限祿馬相會是也。
錦上添花　謂限皆惡星而行吉地不斷是也。

○定富貴貧賤一十四等訣

公卿　文官　武官　甲科　吏曹　富翁　商賈

輔弼二星臨帝座，若居身命定爲官。
不坐空亡無破敗，官高二品入朝端。
文昌文曲是朱衣，身命官宮喜見之。
更遇紫微同府相，官居台省顯光輝。
定人武職細推詳，帝座臨權在祿鄉即官祿宮也。
左右二星皆拱照，即是金吾上將郎。
命宮三合及游行，不陷科名始吉亨。
身命祿隨科甲第即昌曲星，斷然金榜占魁名。
陰陽化貴在强宮，要見光輝始不凶。
若逢紫府幷殺曜，一生爲吏逞英雄。
太陰入廟有光輝，若入財鄉分外奇即財帛宮也。
破耗凶星皆不陷，閒金爛穀富家兒①。
巳亥天機不見凶，生來自好作經營。
爲人狡猾多機見，商賈江湖遠別宗。

①《文本斗數全書》作『堆金積玉富家兒』。

盜賊貧賤浪子破相匠人巧藝駁雜

命逢破耗與貪貞，七殺三方合照身。
武曲更臨遷移位，定知臂上刺痕新。
命中吉曜不來臨，火忌羊陀四正侵。
貪狼廉貞俱會合，一生暴怒失人心①。
身命兩宮俱有殺，貪花戀酒禍猶深。
平生二限來符會，得意之中却又沉。
相貌之中逢殺曜，更加三合又逢刑。
疾厄擎羊沖耗使，折傷肢體又知情②。
天機天相臨身命，帝令財星入墓中。
天府只居遷移位，爲人營造過平生。
貪狼閒中多巧藝，巳亥安命正相宜。
破軍卯酉廉貞幷，細巧之人定藝奇。
吉曜相扶凶曜臨，百般巧藝不通亨。
若還身命逢惡曜，只做屠牛宰馬人。

① 《文本斗數全書》作『武曲廉貞巨破會，一生暴怒又身貧』。
② 《文本斗數全書》作『折傷肢體不和平』。

聰明[1] 文曲天相破軍星，計策偏多性更靈。更若三方昌曲會，一生巧藝有聲名。

○定富貴貧賤十等論

福壽論 如南人天同天梁坐命廟旺，主福壽雙全。如北人帝座紫微武曲破軍貪狼坐命旺宮，主壽。

聰明論 如文昌文曲天相天府武曲破軍三台八座左輔右弼三合守照拱沖，主聰明。

威勇論 如武曲文昌羊刃七殺坐命廟宮，得權祿紫微天府左右拱照，主威勇。

文職論 如文昌文曲左輔右弼天魁天鉞坐命旺宮，又得三方四正科權祿拱，主文官。

武職論 如武曲七殺坐命廟宮，又得三台八座權祿天魁天鉞幷拱，主武職。

刑名論 如羊刃陀羅火鈴武曲破軍帶殺，加吉凑合，三方四正無凶不陷，主刑名。

富貴論 如紫微天府天相祿權科太陰太陽文昌文曲左輔右弼天魁天鉞守照拱沖，主大富貴。

貧賤論 如羊刃陀羅廉貞七殺武曲破軍地空地劫忌星三方四正守照拱沖，諸凶幷犯陷地，主貧賤。

疾夭論 如貪狼廉貞羊刃陀羅地空地劫火鈴忌星三合守照，主疾夭。或臨疾厄相貌宮亦然。

僧道論 如天機天梁七殺破軍地空空亡來犯帝座紫微星者，主爲僧道。

[1] 據《文本斗數全書》，尚多一條：『論定人聰明 文曲天相破軍星，計策偏多性更靈。更若三方昌曲會，一生巧藝有聲名。』聊備考覽。

○附今古命圖

<table>
<tr><th colspan="4">羅念菴狀元之命</th></tr>
<tr>
<td>太陽化忌 遷移宮
臨官 巳 死祿 小耗</td>
<td>台輔 破軍權吉 疾厄宮 天使
帝旺 午 歲破 將軍</td>
<td>天機 財帛宮 天鉞 天官
衰 未 龍德 奏書</td>
<td>紫微 子息宮 天府
病 申 白虎 飛廉</td>
</tr>
<tr>
<td>天殤 武曲科吉 奴僕宮 文曲 龍池 天貴
冠帶 辰 官符 青龍</td>
<td colspan="2" rowspan="2">陽男
甲子十月十四日子時
火三局</td>
<td>天福 太陰 夫妻宮 天喜
死 酉 福德 喜神</td>
</tr>
<tr>
<td>紅鸞 天刑 官祿宮 羊刃
沐浴 卯 太陰 力士</td>
<td>恩光 貪狼 兄弟宮 文昌 鳳閣 鈴星
墓 戌 吊客 病符</td>
</tr>
<tr>
<td>封誥 三台 七殺 田宅宮 祿存 天馬 火星
長生 寅 喪門 博士</td>
<td>天空 天魁 天梁 福德宮 左輔 右弼 陀羅
養 丑 太陽 官符</td>
<td>廉貞祿吉 父母宮 天相 八座
胎 子 太歲 伏兵</td>
<td>天壽 天才 巨門 命身同宮 地劫 地空
絕 亥 病符 大耗</td>
</tr>
</table>

斗數彀率云：太陰合文曲於妻宮，翰林清異，蓋酉與辰合是也。巨門星論曰：巨到亥子等宮雖富貴亦不守久。此命得巳宮太陽正照，寅申紫府祿馬拱照，及亥子交照亦吉，且福德宮主星廟吉，允爲貴命。但劫空臨命，是以富貴不能享，且劫空論訣有云：命坐空亡好出家，驗諸此矣，但壽星坐命，畢竟福壽雙全。

子路之命

<table>
<tr>
<td>天刑 天梁 天鉞
子息 病</td>
<td>七殺
夫妻 衰</td>
<td>恩光
兄弟 帝旺</td>
<td>廉貞 命宮
將軍 龍德
臨官</td>
</tr>
<tr>
<td>封誥 天相 紫微 鈴
財帛 死</td>
<td colspan="2" rowspan="2">癸丑九月初九日戌時
陰男
木三局</td>
<td>天貴 天才 地劫
父母 冠帶</td>
</tr>
<tr>
<td>天魁 巨門權 天機 天使
疾厄 墓</td>
<td>破軍祿
福德 沐浴</td>
</tr>
<tr>
<td>右弼 貪狼忌 文曲
遷移 絕</td>
<td>地空 太陰科 太陽 羊 殤
奴僕 胎</td>
<td>祿存 天府 身宮 文昌 武曲 左輔
博士 養 太歲
財帛</td>
<td>火 天同 陀
田宅 長生</td>
</tr>
</table>

此府相朝垣，武曲朝垣，且紫微諸吉拱合，故亦主貴。但命坐廉貞將軍主勇，更遇貪狼忌星拱命，終主凶亡。

①原本作『癸丑九月初九戌時』，此圖爲寅時圖，《文本斗數全書》正作『癸丑年九月初九日寅時生』。

子羽之命

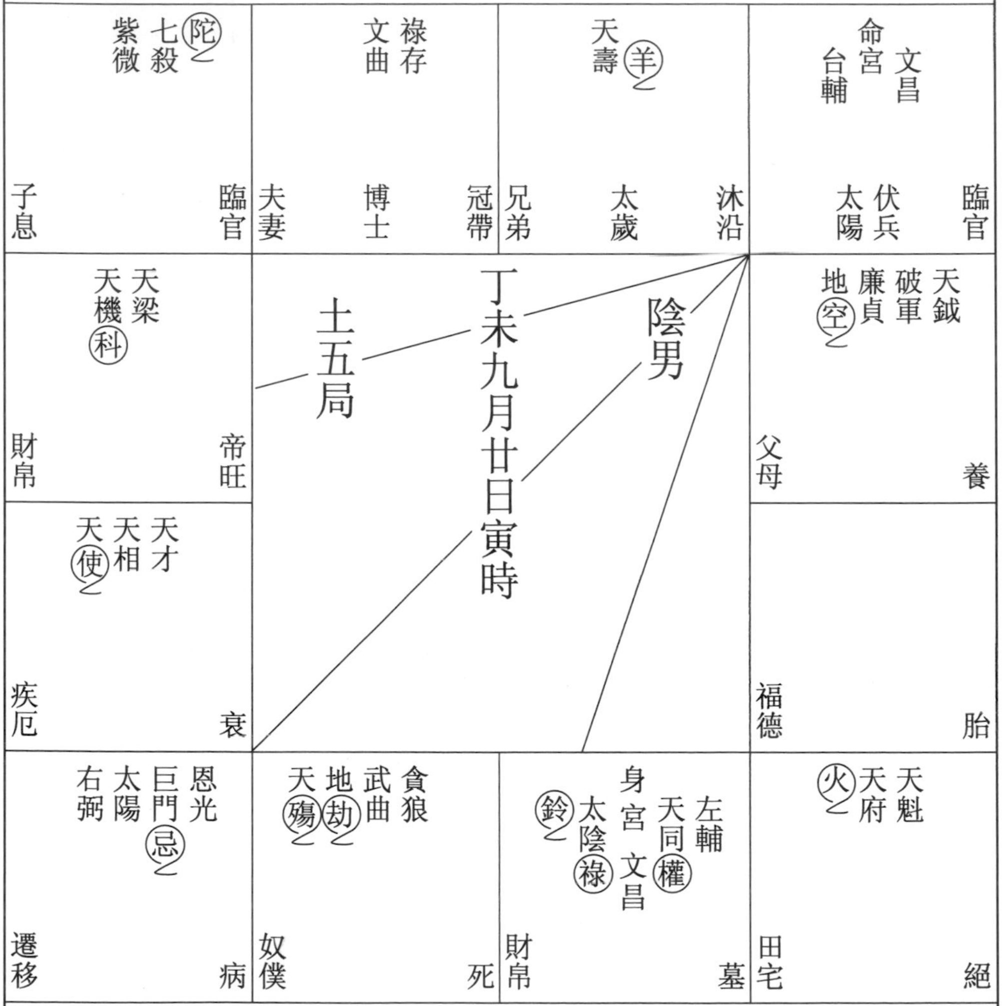

此祿權科命，且文昌坐命，更合機月同梁，故主儒雅多學，清高貴顯。

李績之命

<table>
<tr>
<td>天使 天空 天機 地空 地劫
疾厄　臨官</td>
<td>左輔 紫微
財帛　帝旺</td>
<td>天鉞
子息　衰</td>
<td>封誥 破軍權 右弼 火
夫妻　病</td>
</tr>
<tr>
<td>七殺
遷移　冠帶</td>
<td colspan="2" rowspan="2">陽男
甲辰三月初二午時
火六局</td>
<td>兄弟　死</td>
</tr>
<tr>
<td>天殤 天梁 太陽忌 羊
奴僕　沐浴</td>
<td>文曲 天府 命身宮 廉貞祿 天貴
歲破
墓</td>
</tr>
<tr>
<td>天壽 天才 天相 武曲科 祿存
官祿　博士　長生</td>
<td>天魁 天同 巨門 陀
田宅　養</td>
<td>貪狼 台輔
福德　胎</td>
<td>太陰
父母　絕</td>
</tr>
</table>

此紫府祿科守照，武曲朝垣，昌曲坐拱，其貴宜也。

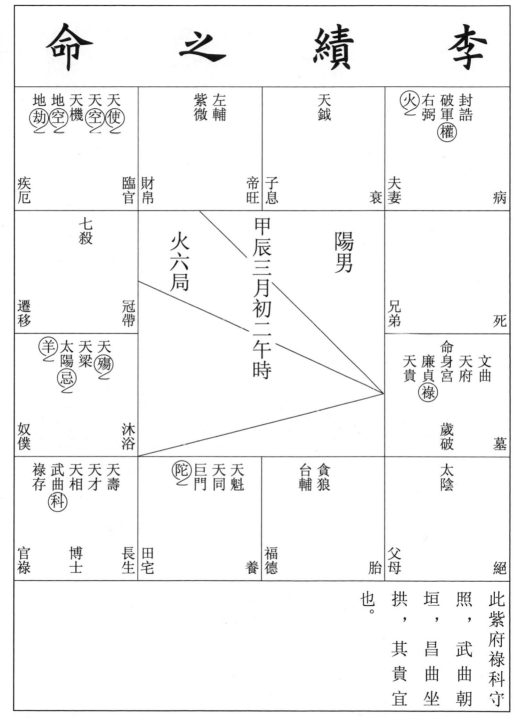

鄧通之命

天殤 天機 火 大耗 臨官 奴僕	恩光 左輔 紫微 文昌 封誥 天魁 帝旺 遷移	陀 天使 地空 鈴 衰 疾厄	文曲 破軍 身宮 祿存 右弼 病 財帛
天虛 七殺 冠帶 官祿	火六局	庚戌三月初二辰時 陽男	羊 死 子息
天梁 太陽祿 地劫 沐浴 田宅			天府 廉貞 天才 太歲 墓 夫妻
天相 武曲權 天鉞 長生 福德	巨門 天同忌 養 父母	命宮 貪狼 將軍 喪門 胎	天喜 太陰科 天刑 絕 兄弟

此命宮雖凶，身宮則吉，且遷移宮紫微諸吉拱命，及行寅卯權祿二限，此所以必受恩寵之榮，及至辰巳卒敗者，必竟命主星弱故也。

<table>
<tr><td colspan="4">武安王之命</td></tr>
<tr>
<td>祿存　天殤　巨門　地空　地劫
長生　博士　奴僕</td>
<td>羊　天相　廉貞　右弼（科）　天才
沐浴　太歲　遷移</td>
<td>火　天梁　天使　天鉞
冠帶　疾厄</td>
<td>左輔　七殺　封誥
臨官　財帛</td>
</tr>
<tr>
<td>文昌　貪狼（祿）　陀
養　官祿</td>
<td colspan="2" rowspan="2">陽男
戊午五月十三日午時
金四局</td>
<td>天貴　天同　鈴
帝旺　子息</td>
</tr>
<tr>
<td>恩光　太陰（權）
胎　田宅</td>
<td>文曲　武曲
衰　夫妻</td>
</tr>
<tr>
<td>天府　紫微
絕　福德</td>
<td>天魁　天機（忌）
養　父母</td>
<td>破軍　命身宮　台輔
胎　喜神　歲破</td>
<td>太陽
病　兄弟</td>
</tr>
</table>

前斗數總括云：殺破廉貪俱作惡，廟而不陷掌三軍，且科祿左右沖合，允爲武職權貴，但終嫌殺貪羊刃交臨，卒至凶亡。

指揮使之命

<table>
<tr>
<td>天馬 陀 巨門 天刑
長生 博士 子息</td>
<td>祿 天相 廉貞 文曲 忌
養 博士 夫妻</td>
<td>天才 天梁 科 羊
胎 兄弟</td>
<td>天鉞 七殺 命 文昌 台輔
絕 福德 伏兵</td>
</tr>
<tr>
<td>封誥 貪狼 權
沐浴 財帛</td>
<td colspan="2" rowspan="2">陰男
己亥九月初七寅時
金四局</td>
<td>天官 天同 地空
墓 父母</td>
</tr>
<tr>
<td>太陰 天使
冠帶 疾厄</td>
<td>武曲 祿
死 福德</td>
</tr>
<tr>
<td>右弼 天府 紫微 天福
臨官 將軍 遷移</td>
<td>天機 地劫 天殤
帝旺 奴僕</td>
<td>天魁 破軍 身宮 左輔 火
衰 官祿</td>
<td>天壽 太陽 火
病 太歲 田宅</td>
</tr>
</table>

此名七殺朝斗之格，雖命臨金絕之地，然會七殺文昌金星同居申宮，屬土則金有生氣，武職權貴宜矣，且祿權臨財福之鄉，定主富貴。

嚴介溪閣老之命

天才 武曲(權) 破軍 命 長生	天魁 太陽 天福 父母 沐浴	(鈴) 天府 (陀) 福德 冠帶	祿存 太陰(科) 天機 地(劫) 田宅 臨官
左輔 天同(忌) 兄弟 養	陽男 庚子正月廿二日酉時 金四局		天喜 貪狼 紫微 (羊) 恩貴 官祿 帝旺
台輔 紅鸞 夫妻 胎			右弼 巨門 天(殤) 疾厄 衰
天鉞 子息 絕	天(空) 七殺 廉貞 文曲 文昌 財帛 墓	天梁 天(使) 疾厄 太歲 死	天壽 天相 身宮 天官 (火) 封誥 遷移 病

□武□□貪□全主貴①。但羊陀火鈴七殺守照身命福德，故福壽雖高，而臨終不得全美也。

①此段原書漫漶不清，《文本斗數全書》作『武曲守垣，昌曲朝照，科祿夾權，宜主大貴』。

萬兩溪司馬之命

太陽 夫妻 病	天才 破軍 文曲 兄弟 衰	天機(祿) 命宮 帝旺	台輔 天府 紫微(科) 文昌 天鉞 父母 臨官
天官 封誥 武曲 (羊) 子息 死	陰男 乙亥八月廿一日寅時 木三局		太陰(忌) 地(空) 福德 冠帶
恩光 右弼 天同 祿存 財帛 博士 墓			天壽 貪狼 田宅 沐浴
天(使) 七殺 (陀) 疾厄 絕	天貴 天梁(權) 地(劫) 遷移 胎	天魁 天相 廉貞 天(殤) 奴僕 養	巨門 身宮 左輔 官祿 太歲 長生

此祿權坐拱，昌曲夾命，輔弼朝垣，允爲貴斷。

茅狀元之命

太陰 身宮 （陀） 臨官 太歲 官祿	天才 祿存 貪狼（權） 天殤 （火） 冠帶 博士 奴僕	巨門 天同 地劫 （羊） 沐浴 遷移	天鉞 天相 武曲（祿） 天使 長生 疾厄
廉貞 天府 天喜 帝旺 田宅	陰男 己巳八月廿三日申時 水二局		天官 天梁（科） 太陽 三台 天貴 養 財帛
右弼 地空 衰 福德			天壽 紅鸞 七殺 封誥 胎 子息
天福 文昌 破軍 台輔 病 父母	八座 命宮 三台 死 奏書 白虎	文曲（忌） 紫微 天魁 墓 兄弟	恩光 左輔 天機 天馬 （鈴） 絕 夫妻

此日月照命，且昌曲夾命，前後三方吉集，允爲大貴。其對宮羊刃入廟，不妨。

唐狀元之命

廉貞 貪狼 官祿 絕	天殤 文昌 巨門 封誥 天壽 奴僕 墓	左輔 天相 右弼 (鈴) 遷移 死	天福 天同 天梁(權) 文曲 天鉞 天使 疾厄 病
(羊) 太陰 天官 田宅 胎	陰男 乙酉四月初五辰時 火六局		武曲 身宮 七殺 恩光 財帛 衰
祿存 天府 八座 福德 博士 養			台輔 太陽 天才 子息 帝旺
上台 (陀) (火) 父母 長生	鳳閣 紫微 命宮 中台 破軍 龍池 青龍 官符 沐浴	下台 天機 天魁 兄弟 冠帶	三台 天德 天貴 夫妻 臨官

此命坐紫微，池閣輔弼沖照，則紫微得相，是爲君臣慶會，其富貴必矣。

常國公之命

左輔 天相 子息 絕	天魁 天梁 地劫 夫妻 墓	七殺 廉貞 龍池 鳳閣 兄弟 死	封誥 命宮 陀 天官 病
天福 巨門祿 地劫 財帛 胎	陰男 辛卯二月十二日未時 火六局		祿存 右弼 天貴 父母 衰
天使 貪狼 紫微 文昌忌 疾厄 博士 養			天同 身宮 羊 福德 帝旺
天鉞 太陰 天機 台輔 遷移 長生	天府 天殤 奴僕 沐浴	太陽權 恩光 官祿 冠帶	武曲 破軍 文曲科 田宅 臨官

命宮雖無正曜，但得三方吉拱，富貴必矣。況公侯承蔭祖宗，即如帝冑之命，不必合格，但得吉星扶持足矣。故看數者又當因人而論，且此命亦爲祿權合拱。

暨太監之命

<table>
<tr>
<td>台輔 祿存 天相 八座 天官
福德 病</td>
<td>天梁 羊
田宅 死</td>
<td>七殺 廉貞忌 天貴
官祿 墓</td>
<td>天殤
奴僕 絕</td>
</tr>
<tr>
<td>龍池 左輔 巨門 陀
父母 衰</td>
<td colspan="2" rowspan="2">陽男
丙子正月初六亥時
木三局</td>
<td>天鉞 鈴 三台
遷移 胎</td>
</tr>
<tr>
<td>文曲 紫微 命宮 天才 貪狼 恩光
太陰 帝旺</td>
<td>天使 右弼 天同祿 地劫 鳳閣
疾厄 養</td>
</tr>
<tr>
<td>太陰 天機 天馬
兄弟 臨官</td>
<td>封誥 天府 身宮 火 天壽
夫妻 冠帶</td>
<td>地空 太陽 天福
子息 太歲 沐浴</td>
<td>武曲 破軍 文曲科
財帛 長生</td>
</tr>
</table>

此命坐紫微，武曲朝垣，七殺仰斗之格。且武破廉貪俱全，亦掌兵權之職，但劫臨疾厄，忌星合命，故有淨身之恙。

袁內閣之命

祿存 命身宮 天喜	三台 天機 (羊) 龍池 父母	破軍(權) 紫微 天鉞 福德 養	(火) 封誥 八座 龍池 田宅
(鈴) 文昌 太陽(忌) (陀) 兄弟	甲辰十月十八日午時 陽男 土五局		恩光 天府 天才 天壽 官祿
天福 七殺 武曲(科) 天官 太陰 夫妻			太陰 文曲 奴僕
天梁 天同 天貴 子息	天魁 左輔 天相 右弼 財帛	巨門 台輔 疾厄 帝旺	貪狼 廉貞(祿) 紅鸞 遷移

此坐祿拱祿，府相朝垣之格。且三方吉集，允爲貴局。①

①原本作『戊辰十月十八日卯時』，此圖爲午時圖。

平江伯之命

八座 天梁(祿) 天鉞 子息 絕	天福 七殺 天壽 鳳閣 夫妻 胎	右弼 左輔(科) 兄弟 養	龍池 廉貞 命宮 地(空) 長生
天相 紫微(權) 財帛 墓	陽男 壬辰四月十五酉時 土五局		三台 父母 沐浴
台輔 巨門 天機 天(使) 天魁 疾厄 死			天官 破軍 (陀) 福德 冠帶
恩光 貪狼 身宮 地(空) 天貴 遷移 病	文昌 太陰 太陽 文曲 天(殤) 奴僕 衰	武曲(忌) 天府 天才 (羊) 官祿 帝旺	祿存 天同 封誥 田宅 臨官

此紫府朝垣，武曲天相朝垣。但逢地劫地空，亦只宜承襲已耳。況廉貪亦武職所宜有者，若自立文武之職，則劫空不宜。

劉草塘都督之命

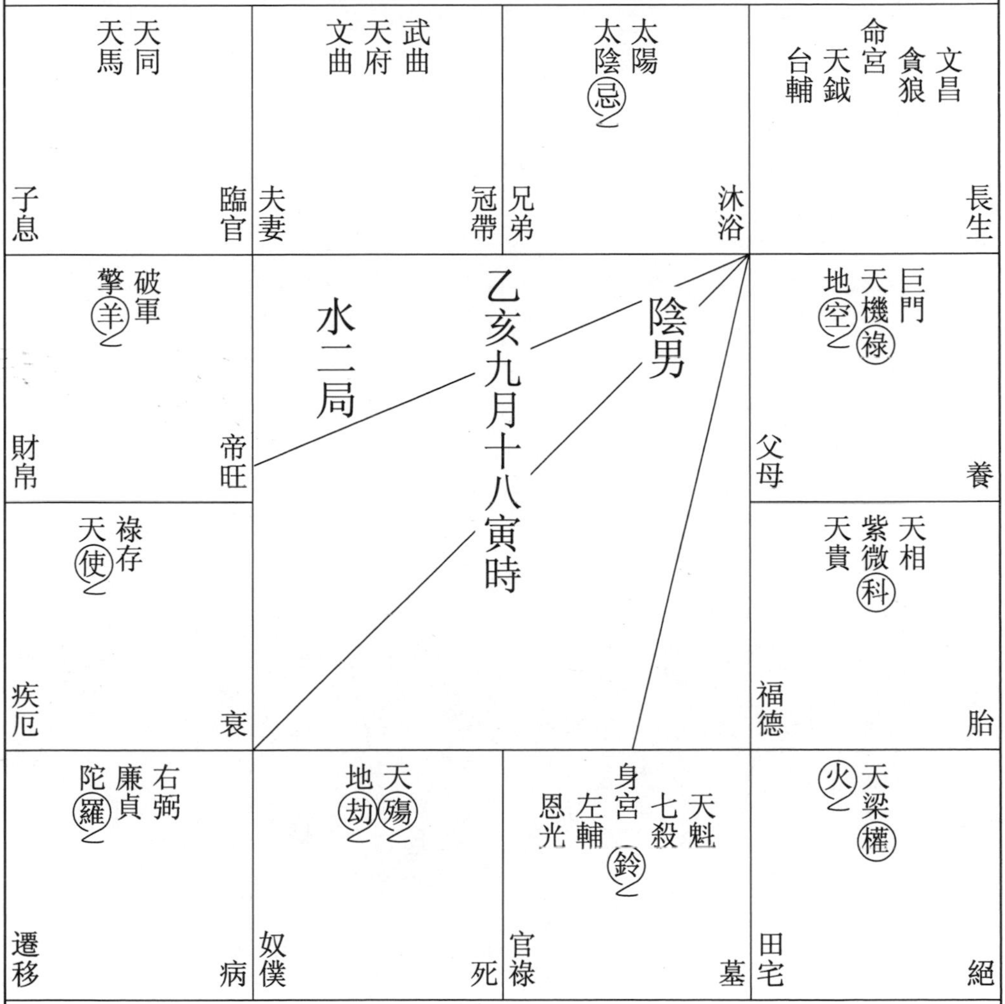

前《斗數總括》云：殺破廉貪俱作惡，廟而不陷掌三軍。此命得之。況左右魁鉞文昌加臨，允宜武職。但羊鈴陀會，此又威武中所宜有者。

胡梅林總制之命

天梁（祿） 天鉞 子息 絕	文曲 七殺 夫妻 胎	天貴 兄弟 養	台輔 廉貞 命宮 文昌 天壽 長生 太歲
火 天相 紫微（權） 封誥 天才 財帛 墓	土五局	壬申九月廿七寅時 陽男	恩光 地空 父母 沐浴
天使 巨門 天機 天魁 疾厄 死			破軍 陀 福德 冠帶
右弼 貪狼 遷移	天殤 太陰 太陽 地劫 奴僕 衰	左輔（科） 天府 身宮 鈴 武曲（忌） 羊 官祿 帝旺	祿存 天同 田宅 臨官 博士

此科權拱命，紫府朝垣，府相會命，左右守遷移官祿，得此四局，允爲貴斷。但羊鈴火忌相見，更命遇廉昌，故終不得其死。

進士之命

封誥 天梁 身宮 天馬 遷移 長生	祿存 七殺 天(使) 博士 疾厄 養	文昌 文曲 (羊) 財帛 胎	天壽 廉貞 地(空) 子息 絕
天(殤) 天相 紫微 左輔 奴僕 沐浴	金四局 丁亥正月廿一卯時 陰男		天刑 天鉞 台輔 夫妻 墓
巨門(忌) 天機(科) 官祿 冠帶			破軍 右弼 兄弟 死
天才 恩光 貪狼 天貴 天官 地(劫) 田宅 臨官	太陽 太陰(科) (鈴) 福德 帝旺	武曲 天府 (火) 父母 衰	天同(權) 命宮 天魁 天福 太歲 喜神 命宮 病

此科權守照，天文星暗拱，天魁坐命，祿臨福德，允爲科甲之士。但中年以上，限行死絕，必至五十四後方利。

舉人之命

貪狼 廉貞 天貴 官祿　臨官	天魁 天福 巨門 天殤 天刑 奴僕　帝旺	陀羅 天相 遷移　衰	祿存 天梁 天同忌 天使 天虛 疾厄　病
台輔 太陰科 田宅　冠帶	陽男 庚寅十月初五戌時 火六局		羊刃 武曲權 身宮 七殺 地劫 財帛　死
天才 天府 恩光 福德　沐浴			天姚 太陽祿 子息　墓
天鉞 文曲 父母　太歲　長生	左輔 紫微 命宮 破軍 右弼 地空 養	封誥 文昌 天機 兄弟　胎	天官 天壽 夫妻　絕

此君臣慶會，夾昌夾曲之格，允為大貴。但於劫空迭守身命，故限交科祿，辛酉年卅二中，不得連登，至癸未年流昌居卯，照身照限，有可進之機，恩榮必矣。

進士之命

台輔 祿存 天官 博士 田宅 病	羊 天機權 官祿 死	恩光 破軍 紫微 天殤 奴僕 墓	八座 天壽 太歲 遷移 絕
陀 太陽 福德 衰	陽男 丙申閏十二月初十亥時 木三局		鈴 天府 天使 天鉞 疾厄 胎
文曲 七殺 武曲 左輔 太陰 父母 帝旺			天才 太陰 地劫 財帛 養
天馬 天同祿 命宮 天梁 鳳閣 臨官	封誥 天相 火 兄弟 冠帶	天福 巨門 身宮 龍池 地空 三台 夫妻 沐浴	文昌科 貪狼 廉貞忌 天魁 右弼 天貴 子息 長生

《骨髓賦》云：寅申最喜同梁會，且祿權守照，富貴必矣。故廿九三十歲，大限行辰，太陽正照，小限寅卯，又祿臨之，且二年流昌會身會命，是以連登，官至四品上。

納粟之命

<table>
<tr><td>文昌
父母　病</td><td>鳳閣 天機 天空
福德　死</td><td>封誥 破軍（權） 紫微 天鉞 火 天官
田宅　墓</td><td>八座
官祿　太歲　絕</td></tr>
<tr><td>三台 太陽（忌） 命宮 地劫
衰</td><td colspan="2" rowspan="2">陽男
甲申八月十八巳時
木三局</td><td>恩光 文曲 天府 天殤 天福
奴僕　胎</td></tr>
<tr><td>羊 七殺 武曲 右弼 鈴
兄弟　帝旺</td><td>太陰 天壽
台
遷移　養</td></tr>
<tr><td>天馬 天同 身宮 天梁 祿存
夫妻　博士　臨官</td><td>天魁 天貴 天相 陀
子息　冠帶</td><td>天才 巨門 龍池
財帛　沐浴</td><td>台輔 貪狼 廉貞（祿） 左輔 天使
疾厄　長生</td></tr>
</table>

太陽星論曰，太陽坐命，太陰拱照，富貴雙全。但幹化忌，逢劫，雖入廟，終為不美，故不能大貴，而得大富，止放納粟，功名縣佐已也。

納粟之命

巨門 遷移 臨官	天相 廉貞 祿 命主星 台輔 疾厄 帝旺	天官 恩光 天梁 身主星 天才 天壽 財帛 衰	七殺 子息 太歲 病
文曲 貪狼 奴僕 冠帶	甲申十月十一日子時 陽男 火六局		天福 天同 夫妻 死
八座 太陰 羊 官祿 沐浴			文昌 武曲 科 鈴 兄弟 墓
鳳閣 天府 紫微 封誥 祿存 火 田宅 博士 長生	天貴 左輔 天機 右弼 陀 福德 養	龍池 破軍 權 父母 胎	三台 太陽 忌 命身宮 地空 地劫 絕

身命本宮雖弱，喜其合夾權夾科之格，且財官①福德宮俱吉，而命主身主得地，故亦居縣佐，但於劫空，終不得顯達耳。

①『財官』，按官祿太陰在卯不得地，又會擎羊入陷，不吉。財帛福德對宮一綫，當以『財帛』爲合。

麇生之命

<table>
<tr><td>命身宮</td><td>台輔 天機
父母 死</td><td>天鉞 破軍(權) 紫微 左輔 右弼 天官
福德 墓</td><td>田宅</td></tr>
<tr><td>鳳閣 文曲 太陽(忌) 恩光
兄弟</td><td colspan="2" rowspan="2">陽男
甲午四月廿日子時
木三局</td><td>天府 天福
官祿</td></tr>
<tr><td>七殺 武曲(科) 羊 鈴
夫妻</td><td>天殤 文昌 太陰 天貴 龍池
奴僕</td></tr>
<tr><td>三台 天梁 天同 祿存 封誥
子息</td><td>天魁 天相 陀 火
財帛</td><td>八座 巨門 天使
疾厄</td><td>天才 貪狼 廉貞(祿) 天壽 地空 地劫
遷移</td></tr>
</table>

此命無正曜，但得府相朝垣，廉祿拱沖，福德宮吉集，故亦受朝廷作養，但壽終不長，以劫空沖命，文昌陷於天殤故也。兄弟三，二妻一子，財祿少。

富商之命

天鉞 天同 天使（化） 疾厄 長生	天福 武曲（忌） 天府 文曲 天貴 財帛 喜神 沐浴	太陰 太陽 天刑 子息 冠帶	文昌 貪狼 夫妻 臨官
火 破軍 遷移 太歲 養	陽男 壬辰十一月廿六日寅時 金四局		巨門 天機 地空 兄弟 帝旺
天才 天魁 天殤 奴僕 胎			天官 紫微（權） 身宮 天相 陀 歲破 官符 衰
天馬 廉貞 身宮 左輔（科） 天才 官祿 絕	地劫 田宅 墓	右弼 七殺 羊 鈴 福德 太歲 死	祿存 天梁（祿） 父母 博士 病

此科權迭守身命，但嫌陀羅火忌破局，是以不貴。喜天府武曲同臨財帛，是謂財入財鄉，其富宜矣。但破軍居遷移，不免多勞力耳。

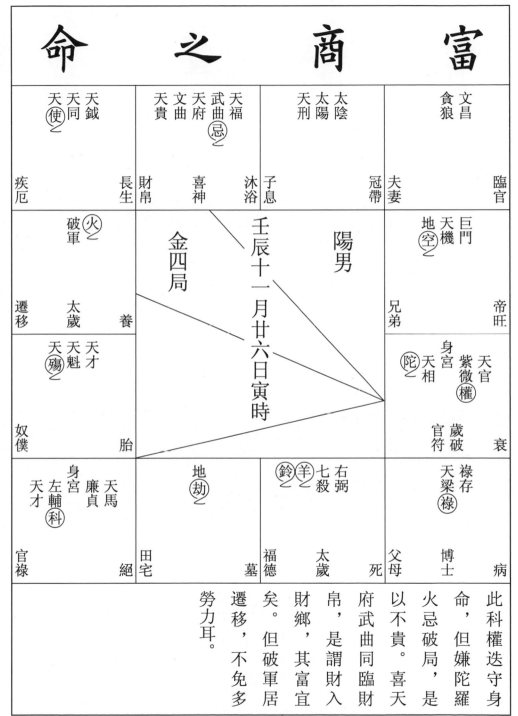

秀才之命

天機 子息　絕	天福 文曲 紫微 天魁 夫妻　胎	陀羅 兄弟　養	天壽 破軍 命宮 文昌 祿存 長生 博士 太歲
天才 七殺 恩光 火 財帛　墓	庚申九月初十寅時 陽男 水二局		地空 羊刃 父母　沐浴
天梁 太陽祿 天使 疾厄　死			天府 廉貞 福德　冠帶
天鉞 天相 武曲權 右弼 天馬 遷移　病	巨門 天同忌 地劫 天殤 奴僕　衰	貪狼 身宮 左輔 鈴 官祿　帝旺	天官 太陰科 田宅　臨官

此殺破武貪曲全，宜於武職，又則不利三十以上，宜廩祿貢行致富耳。十分顯貴不能也。若非火鈴會，羊陀夾，則又不可執此論之。

秀才之命

祿存 貪狼天官 廉貞(忌) 文曲 天口 遷移 病	羊(刃) 巨門 天(使) 疾厄 胎	台輔 天相 天貴 天刑 財帛 墓	天梁 天同(祿) 子息 絕
天(殤) 太陽 陀(羅) 奴僕 衰	陽男 丙辰十月廿八丑時 木三局		天鉞 七殺 武曲 文昌(科) 夫妻 胎
封誥 天才 天府 (火) 官祿 帝旺			太陽 地(空) 兄弟 養
天馬 左輔 田宅 臨官	紫微 身宮 破軍 福德 冠帶	地(劫) 天機 右弼 天福 父母 沐浴	恩光 天魁 命宮 (鈴) 龍德 長生

此府相朝垣，天魁臨命，且左右相紫微於身宮，亦入正格。但夾空夾劫，火忌俱拱，功名小就已耳。

①原本作『丙辰十月廿八日丑時』，此圖爲子時圖，原本身宮、劫空宮位俱錯，姑存斷語。

僧官之命

天機(科) 天馬 陀羅 財帛 臨官	紫微 祿存 子息 冠帶	羊 夫妻 沐浴	破軍 兄弟 長生
天刑 文曲 七殺 天使 疾厄 帝旺	陰男 丁亥八月廿五子時 土五局		天鉞 命身宮 火星 養
天梁 太陽 右弼 遷移 衰			天府 廉貞 文昌 鈴 父母 胎
天相 武曲 天殤 奴僕 病	巨門(權) 天同(忌) 官祿 死	貪狼 天空 田宅 墓	天魁 左輔 太陰(祿) 地空 地劫 福德 太歲 絕

此命陀羅火忌守照身命，且羊入妻宮，縱非僧道，亦主孤獨。但本宮天鉞，科權來會，故爲僧中之最貴者。

庸夫之命

天壽 天梁(權) 長生 太歲 父母	七殺 養 福德	胎 田宅	天福 天鉞 廉貞 (火) 絕 官祿
左輔 紫微(科) 命宮 台輔 天相 天官 擎(羊) 沐浴	陰男 乙巳正月十五戌時 金四局		天殤 地劫 墓 奴僕
祿存 天機(祿) 巨門 冠帶 博士 兄弟			破軍 右弼 死 遷移
(陀) 貪狼 文曲 臨官 夫妻	太陽 太陰(忌) 地(空) 帝旺 子息	文昌 天府 身宮 封誥 武曲 天魁 衰 財帛	天馬 天同 天(使) (鈴) 病 太歲 疾厄

此似富貴而不富貴之命，若論身命二宮十分之美，且祿權科夾，允爲貴斷。奈羊會命身，火臨官祿，是以破格。雖四十三後行此人財運，亦不過辛勤度日而已。

孤夭之命

祿存 文曲 博士 遷移 病	羊 天機 權 天使 六歲 福德 墓	紫微 破軍 天空 財帛 墓	天馬 廿九歲死 子息 絕
天殤 太陽 陀 鈴 奴僕 衰	丙午十一月十八丑時 陽男 木三局		天鉞 天府 文昌 科 夫妻 胎
七殺 武曲 官祿 帝旺			地空 太陰 兄弟 養
天梁 天同 祿 左輔 火 田宅 臨官	身宮 天相 福德 官帶	右弼 巨門 地劫 父母 沐浴	命 廉貞忌 貪狼 天魁 長生

此命雖無惡曜，但本星落陷化忌，故坐長生吉會無用也。及大限天相之星雖及，而小限值天狗血刃吊客，且主星無力，故廿九歲得狂邪卒暴而死，無子。

小兒天命

天馬 文昌 貪狼(權) 廉貞 陀 父母 病	地空 巨門 祿存 福德 衰	天相 羊 田宅 帝旺	天同 天梁(科) 天鉞 官祿 臨官
太陰 命宮 地空 天空 死	陰男 己卯八月初二巳時 木三局		天殤 七殺 武曲(祿) 文曲(忌) 奴僕 冠帶
鈴 天府 右弼 兄弟 太歲 墓			太陽 遷移 沐浴
火 身宮 夫妻 絕	紫微 破軍 子息 胎	天機 天魁 財帛 養	左輔 天使 疾厄 二歲死 長生

此命太陰失陷，又臨地劫天空，其危必矣。況三歲童限行亥，遇天使，巳宮太歲金鎖雞飛關，殺沖限，故死於三歲。

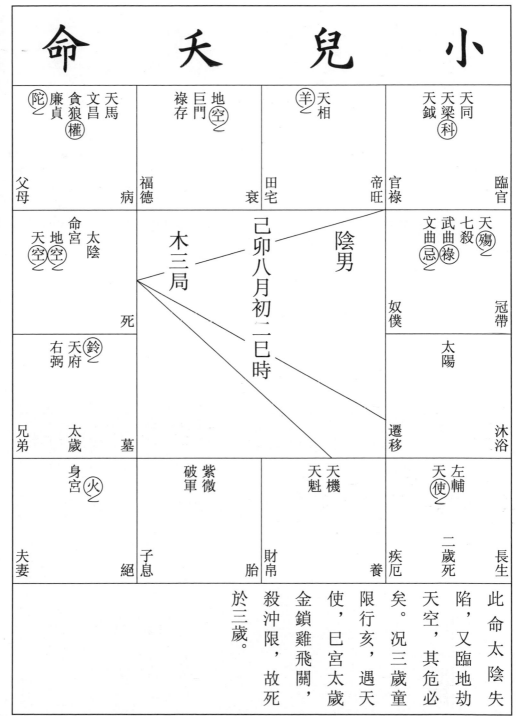

小兒夭命

天府 文曲 遷移 長生	天福 天同 太陰 天使 九歲死 疾厄 沐浴	武曲 忌 貪狼 財帛 冠帶	巨門 太陽 恩光 子息 臨官
天貴 天殤 奴僕 養	壬申十一月初一丑時 金四局	陽男	天相 文昌 夫妻 帝旺
廉貞 破軍 火 官祿 胎			地空 天機 天梁 祿 陀 兄弟 衰
左輔 科 天馬 田宅 絕	身宮 福德 墓	地劫 右弼 羊 天才 父母 死	祿存 紫微 權 命宮 七殺 鈴 疾厄 太陰 病

此以本宮星言，宜易養。但命坐截路空亡①，且夾羊夾陀，夾空夾劫，火忌鈴殺守照者，非夭即主下賤孤貧，雖紫祿無用，故夭於九歲。

三卷終

①按卷一『定截路空亡訣』：『丁壬寅卯最堪憂』，截空在卯，此有誤。

紫微斗數星辰論卷之四

○紫微星論

希夷先生曰：紫微為帝座，在諸宮能降福消災，解諸星之惡節①，能制火鈴為善，能降七殺為權，若得府相左右昌曲吉集，無有不貴，不然，亦主巨富。縱有四殺衝破，亦作中局，若遇破軍在辰戌丑未，主為臣不忠，為子不孝之論。女命逢之，作貴婦論，加殺衝破，亦作平常，不為下賤。

歌云：

紫微原屬土，官祿宮主星。
有相為有用，無相為孤君。
諸宮皆降福，逢凶福自申。
文昌發科甲，文曲受皇恩。
僧道有師號，快樂度秋春。
眾星皆拱照，為吏協公平。
女人會帝座，遇吉事貴人。

①『節』，《文本斗數全書》、臺本作『虐』。

若與桃花會，飄蕩落風塵。
擎羊火鈴聚，鼠竊狗偷群。
三方有吉拱，方作貴人論。
若還無輔弼，諸惡共欺淩。
帝為無道主，考究要知因。
二限若遇帝，喜氣自然新。

玉蟾先生曰：紫微乃中天星主，為眾星之樞紐，為造化之根柢，為人命之主宰，掌五行，育萬物，各有所司。以左輔右弼為相，以天相昌曲為從，以魁鉞為傳令，以日月為分司，以祿馬為掌爵之司，以天府為帑藏之主，身命逢之，不勝其吉。如遇四殺劫空機梁衝破，定是僧道，此星在命，為人厚重，面紫色，專作吉斷。

在身命遇天府，又得左右昌曲拱沖，科權祿馬交至，不宜落空，坐長生帝旺，則必富貴雙全，與魁鉞台座七殺相遇，武職。

在兄弟為陷宮，雖有相佐，亦不為福。

在夫妻為陷宮，得相佐吉集，男主妻貴，女主夫貴，不宜逢破軍化忌等殺。

在子息得相佐吉集，有貴，不逢相佐，男女難得。

在財帛，輔弼拱沖，又與武陰同度，不逢惡沖，為財賦之官。

在疾厄為陷宮，不宜。
在遷移得相佐吉集，因人為貴。
在奴僕為陷宮，要得相佐，不逢破忌則吉。
在官祿得左右魁鉞昌曲權祿，極品之貴，晚年發達。
在田宅與財帛宮同斷。
在福德父母二宮，三方左右拱照俱吉，不宜惡沖。

○紫微入命吉凶訣

訣云	帝座天中第一星，命身相遇福財興。若還相佐宮中會，富貴雙全播令名。
又云	紫微守命最為良，二殺逢之壽不長。羊陀火鈴來相會，只好空門禮梵王。
又云	紫微辰戌遇破軍，富而不貴有虛名。若逢貪狼在卯酉，為臣失義不相應。
又云	紫微女命守夫宮，三方吉拱便為榮。若逢殺破來衝破，溫飽應嫌淫巧容。

○紫微入限吉凶訣

訣云

紫微垣內吉星臨，二限相逢福祿興。
常人得遇多財富，官貴逢之職位升。

又云

紫微入限本為祥，只恐三方殺破狼。
常庶逢之多不利，官員落陷有驚傷。

又云

紫微女命守夫宮，二限逢之不怕沖。
若是運中又逢吉，管教富貴事三公。

○天機星論

希夷先生曰：天機，南斗益壽之星，若守身命，則聰明異常，與天梁左右昌曲交會，文為清顯，武為忠良。若居陷地，四殺衝破，是為下局。若見七殺天梁，當①僧道之清閒。凡人二限逢之，興家創業更改，女人吉星拱照，主旺夫益子，有權祿，則為貴婦。落陷羊陀火忌衝破，主下賤殘疾刑尅。

歌云：

① 『當』字後，《文本斗數全書》。

天機兄弟主，南斗正曜星。
作事有操略，稟性最高明。
所為最好尚，亦可作群英。
會吉主享福，入格居翰林。
巨門同一位，武曲壓邊庭。
亦要權逢殺，方可立功名。
天梁星同位，定作道與僧。
女人若逢此，性巧必淫奔。
天同與昌曲，聚拱主華容。
辰戌子午地，入廟有功名。
若在寅卯辰，七殺並破軍。
血光災不測，羊陀及火鈴。
若與諸殺會，災患有虛驚。
武暗廉破會，兩目少光明。
二限臨此宿，事必有變更。

玉蟾先生曰：天機屬木，南斗之善星也，故曰化善。佐帝令以行事，解諸凶之逆節，定數於人命之中，若逢吉聚，則為富貴，若逢殺沖，亦必好善，孝義六親，勤於神佛，無不仁不義之為，有靈通變達之志，女命逢之，多主福壽，其在廟旺有力，陷地無力。

○天機入限吉凶訣

訣云　男女二限值天機，祿主科權大有為。出入經營多遇貴，發財發福少人知。

又云　機月天梁會太陽，常人富足置田莊。官員得遇科權照，職位高遷面帝王。

又云　天機照限不安寧，門戶逢之必改更。變動謀為終有應，不然定是少和平。

又云　天機化忌落閒宮，縱有財官亦不終。退盡家財兼壽夭，飄蓬僧道住山中。

○天機入女命吉凶訣

訣云　天機女命吉凶扶，作事操持過丈夫。權祿宮中逢守照，榮膺誥命貴何如。

又云

天機若與太陰同，女命逢之必巧容。
衣祿豐饒終不美，為娼為妾主淫風。

又云

天機巨火來相會，羊刃沖之終不貴。
女人淫蕩夜奔馳，只好偏房為使婢。

○太陽星論

希夷先生曰：太陽者，造化之表儀，世人之公鑒，周天度數，運轉無窮，輔弼而佐君象，以祿存而為福助。所忌者，巨暗遭逢，所樂者，太陰相望，諸宮會吉則吉，黑道遇之則勞，守人身命，主人忠鯁，不較是非，若居廟旺化祿化權，允為貴論。若得左右昌曲魁鉞三合拱照財官二宮，富貴極品，加殺亦主飽暖，僧道有師號。女人入廟旺，主旺夫益子，加權祿，主封贈，加殺主平常。

歌云：

太陽原屬火，正主官祿星。
若居身命位，稟性最聰明。
慈愛量寬大，福壽享遐齡。
若與太陰會，驟發貴無倫。

有輝照身命，平步入金門。
巨門不相犯，升殿承君恩。
偏垣逢暗度，貧賤不可言。
男命必尅父，女命夫不全。
火鈴勞苦定，羊陀眼目昏。
二限若值此，必定賣田園。

玉蟾先生曰：太陽司權貴為文，遇天刑為武，在寅卯為初升，在辰巳為升殿，在午為日麗中天，主大富貴，在未申為偏垣，作事先勤後怠，在酉為西沒，貴而不顯，秀而不實，在戌亥子為失輝，更逢巨暗破軍，一生勞碌貧忙，更主眼目有傷，與人寡和招非。女命逢之，夫星不美，遇耗則非禮成婚。若與祿存同宮，雖主財帛，亦辛苦不閒，若與帝星左右同宮，則為貴論，又嫌火鈴刑忌，未免先尅其父，此星男得之為父星，女得之為夫星。

在身命遷移官祿三宮逢左右吉拱，太陰同照，富貴雙全。

在兄弟逢四殺，雖有弟兄不得力。

在夫妻為陷宮，逢吉聚，得貴妻，臨旺地，因妻得貴。女命吉聚，配賢夫，若刑暗四殺，限逢有傷。

在子息逢凶失輝，刑尅。

在財帛有輝，吉聚，不怕巨暗，更為富貴之論，如失輝殺湊暗逢，不能為福。
在疾厄，左右諸吉星至，大小二限俱到，必然驟發。女人逢之，亦可安享，刑殺暗集，眼目之災，會四殺為災不少。
在奴僕為弱宮，居旺地，主多得力。
在田宅，祖業增益。
在父母，得受庇蔭，逢刑殺白虎太歲交至，斷死無疑。

○太陽入男命限吉凶訣

訣云 命裡陽逢福壽濃，更兼權祿兩相逢。魁昌左右來相湊，富貴雙全比石崇。

又云 日月丑未命中逢，三方無化福難豐。便有吉星終不美，若逢殺湊一生窮。

又云 失陷太陽居反背，化忌逢之多蹇昧。又招橫事破家財，命強化祿也無害。

又云 二限偏宜見太陽，添財進產出非常。婚姻和合添嗣續，仕者高遷坐廟堂。

○太陽入女命吉凶訣

訣云	又云	又云
太陽正命與其身，姿貌殊常勝淑真。更得吉星來拱照，珠冠霞帔作夫人。	太陽女命有奇能，陷地須防惡殺凌。作事沉吟多進退，辛勤度日免家傾。	太陽反照主心忙，衣祿平常壽不長。剋過良人還剋子，只宜蔭下作通①房。

○武曲星論

希夷先生曰：武曲屬金，在天司壽，在數司財，怕受制入陷，喜祿存而同政，與太陰以互權，天府天梁為佐貳之星，財帛田宅為專司之所。惡殺耗囚會於震宮，必見木壓雷驚，破軍貪狼會於坎宮，必主投河溺水。會祿馬則發財遠鄉，會貪狼則少年不利，所謂武曲守命福非輕，貪狼不發少年人是也。廟樂桃花同度，利己損人，七殺火星同宮，因財被劫。遇羊陀則孤剋，遇破軍則顯貴，單居二限可也。若與破軍同位，更二限臨之，定主是非。蓋武曲守命，主人剛強果斷，甲己生人福厚，出將入相，更得貪火衝破，定為貴格，喜西北生人，南

① 『通』，《文本斗數全書》作『偏』，於義更合。

東[1]生人平常，不守祖業。四殺衝破，孤貧不一，破相延年。女人吉多為貴婦，加殺衝破孤剋。

在身命財帛二宮主富，乃財入財鄉，為入廟，與同令蔭福同宮，或三合見之，主貴。與貪狼同度，居生旺之鄉，逢蔭主橫發。與月同宮，更得官星拱守，宜官府安身。與魁鉞同宮，得地，作財賦之職。若值廉破空亡，因色破家。與七殺羊陀守照，因財喪命。

在疾厄羊陀巨門同度，一生藥債不停。

在遷移太陰同度，更值貪狼福蔭交臨，諸凶退度，可作巨商富賈，或離祖成家。若七殺羊陀又臨弱地，定遭劫掠。與破貪入於水域，又值水木土空，定主江湖之險，在陸地亦防災危。

在官祿逢吉，則為財賦之官，逢貪則為貪污之論，與囚居子於旺地，限至則剝官卸職。

在田宅諸吉會集，得祖業。大耗同居，破家。太歲或沖旺地，卻發，與廉貞逢耗亦不吉。

在福德女人得之，與田宅同斷，男人得之，為陷地。

○武曲入命吉凶訣

訣云

武曲守命化為權，吉曜來臨福壽全。
志氣崢嶸多出衆，超凡入聖向人前。

[1]『南東』，《文本斗數全書》作『東南』。

又云	武曲之星守命宮，吉星守照始昌榮。若加耗殺並四殺，任是財多畢竟空。
又云	女人武曲命中逢，天府加之志氣雄。左右再來相會處，雙全富貴美無窮。

○武曲入限吉凶訣

訣云	大小限逢武曲星，若還入廟主財興。更加文昌臨左右，福祿雙全得稱心。
又云	武曲臨限化權星，最宜行事有相成。更遇吉星魁鉞廟，文人名顯庶人興。
又云	武曲之星主官災，公吏逢之刑杖來。常庶逢之還債負，官員招訟惹驚懷。

○天同星論

希夷先生曰：天同屬水，南斗第四益算保生之星。化祿為善，逢吉為祥，身命值之，主為人謙遜，稟性溫和，心慈鯁直，文墨精通，有機謀，無凶激，不忌七殺相侵，不畏諸星同度，十二宮中皆為福論。遇左右昌梁貴顯，喜壬乙生人，巳亥得地，不宜六庚生人，居酉地，終身不守，會四殺，居巳亥為陷，殘疾孤尅，女人逢殺衝破，刑夫尅子，梁月衝破，合作偏房。僧道宜之，主享福。

○天同入命吉凶訣

訣云

天同坐命性溫良，福祿悠悠壽更長。
若是福人居廟旺，定教食祿譽傳揚。

又云

天同若與吉星逢，性格聰明百事通。
男子定然食天祿，女人安樂繡闈中。

又云

天同守命落閒宮，火陀殺合更為凶。
天機梁月來相湊，只好空門度歲中。

又云

天同守命婦人貞，性格聰明伶俐人。
昌曲更來相會處，悠悠財福自天申。

又云

天同若與太陰同，女命逢之淫巧容。
衣祿雖豐終不美，偏房侍女與人通。

○天同入限吉凶訣

訣云	又云	又云

人生二限值天同，喜氣盈門萬事榮。
財祿增添宜創造，從今家道得豐隆。

限至天同事不甯，必當創業結婚姻。
若非變動求謀望，守舊須防禍及身。

流年二限值天同，陷地須防惡殺沖。
作事美中還未美，惟防官破及家傾。

○廉貞星論

希夷先生曰：廉貞屬火，北斗第五丹元之星。在斗司品秩，在數司權令，不臨廟樂①，更犯官符，故曰化囚為殺，觸之不可解其禍，逢之不可測其祥，主人心狠性狂，不習禮義。逢帝座，執威權。遇祿存，主富貴。遇文昌，好禮樂。遇殺曜，顯武職。在官祿，有威權。在身命，為次吉，與桃花旺宮同居，則賭博迷花致訟。與巨門交會於陷地，則是非起於官司。逢財星耗合，祖業必破。遇刑忌，則膿血不免。遇白虎，則刑杖難逃。遇武曲於受制之鄉，忌木壓蛇傷。同火曜於陷空之地，主投河自縊。破軍與日月共行，二限逢之，災不可測。只

① 『樂』，《文本斗數全書》作『旺』。

宜居官祿身命之位，遇吉福應，遇凶不仁，其在他宮，福壽難說。未申化祿逢吉，富貴必矣。未甲生人宜之，又喜未申宮安命①。六甲生人在寅申安命，發福，作財官論。六丙生人，成敗不一，羊陀火忌衝破，主殘疾。女人三合吉拱，主封贈，雖惡殺沖，不為下局。僧道吉拱，有師號。

○廉貞入命吉凶訣

訣云

廉貞守命亦非常，賦性巍巍志氣剛。
革故鼎新宜大貴，為官清顯姓名揚。

又云

廉貞坐命落閒宮，貪破擎羊火更沖。
縱有財官為不美，平生何以得從容。

又云

廉貞落陷入閒宮，吉曜相逢亦不中②。
腰足有災難脫免，更宜出限命歸空。

又云

貪廉巳亥宮，遇吉福盈豐。
應過三旬後，須防不善終。

①未甲生人宜之，又喜未申宮安命』，疑為贅文。
②《文本斗數全書》作『吉曜相逢亦有凶』。

又云

女人身命值廉貞，內政清廉格局新。諸吉拱朝無殺破，定教封贈在青春。

又云

廉貞貪破曲相遇，陀火交加多不貴。定主刑夫尅六親，只好通房為使婢。

○廉貞入限吉凶訣

訣云

廉貞入限旺宮臨，喜逢吉曜福駢臻。財物自然多蓄積，仕人得意位高遷。

又云

大小二限遇廉貞，更有天刑忌刃侵。膿血刑災逃不得，破軍貪殺赴幽冥。

○天府星論

希夷先生曰：天府，南斗延壽解厄之星，又曰司命上相鎮國之星。在斗司權，在數則職掌財帛田宅衣祿之神，為帝之佐貳。能制羊陀為從，能化火鈴為福，主人相貌清奇，稟性溫良端雅。與太陽昌曲會，必登首選。逢祿存武曲，則有巨萬之富。秘云：天府為祿庫，命逢終是富是也。不喜四殺衝破，雖無官貴，亦主財田富足。以田宅相貌宮為廟樂，以兄弟宮為凶，身命逢之得相佐，主夫妻子息不缺。若值空亡，是為孤立，不可一例而斷。大抵此星多作吉斷，又曰此星不論諸宮皆吉。女命得之，清正機巧，旺夫益子，雖衝破亦以善論。僧道宜之，有師號。

○天府入男女命限訣

訣云	天府為祿庫，入命終是福。萬頃置田莊，家資無論數。女命坐香閨，男子食天祿。此是福吉星，四外無不足。
又云	天府之星守命宮，加之權祿喜相逢。魁昌左右來相合，附鳳扳龍上九重。
又云	女人天府命身宮，性格聰明花樣容。更得紫微三合照，金冠霞帔受皇封。
又云	限臨天府能司祿，士庶逢之多發福。添財進喜又無災，且喜潤身並潤屋。

○太陰星論

希夷先生曰：太陰化祿，與日為配，以巳午辰未為陷地，以戌亥子丑寅為得垣，酉為西沒之門，卯為東灊之地，嫌巨暗以來侵，怕羊陀以同度，廉囚相犯，七殺交沖，恐非得意之垣，定作殘傷之論，此星屬水，為田宅宮主，有輝為福，失陷必凶，男女得之，皆為母星，男子又作妻宿。

在身命廟樂吉集，主富貴，逢天梁主孤，逢羊陀損目，逢天同天機，公門吏曹等人，若卯酉身命對宮，名曰八座。

在兄弟奴僕二宮，俱為落陷無用。

夫妻主得妻財，得地，逢羊陀巨門亦主尅妻，失陷亦然。更有太歲流殺合之，可斷禍福。

在子息為女宿，無殺則成，有殺則損。

在財帛為廟樂，武曲祿存同會，更得左右相佐，大貴。若命強限弱，不得取用。與破軍會，成敗不常。與刑囚殺會，財散人離，孤獨。

在疾厄遇陀暗，為篤疾，遇火鈴為流災，值殺貪損目，或酉戌亥有日，卯辰巳有月，必有血氣不和送終之疾。

在遷移吉集，商賈發財。殺合，隨母拜父。

在官祿得輝為福，失輝無用，逢昌曲官星主科甲。

在田宅為入廟，左右祿存同宮，得祖業。失輝遇吉，亦有盈虧。若巨暗來臨，刑星交並，必破祖業。殺曜廉貞，流年太歲，俱不宜見。

在福德為福，如陷地，僧道女命宜□□□□①。

在父母如陷地失陷，遇流年□□□□災，此雖□□之星，但失輝受制，不□□□□□②。

○太陰入命吉凶訣

訣云

太陰原是水之精，身命逢之福自生。
酉戌亥垣為得地，光輝名③顯姓名亨。

又云

太陰入廟化權星，清秀聰明不等倫。
稟性溫良恭儉讓，為官清顯列朝紳。

又云

寅上機昌曲月逢，縱然吉拱不豐隆。
男為僕從女為妓，加殺衝殺到老窮。申宮次之

又云

太陰陷地惡星沖，陀火相逢定困窮。
此命只宜僧與道，空門出入得從容。

---

①原頁殘損，據原文字距定『□』之數。
②原頁殘損，據原文字距定『□』之數。
③『名』，《文本斗數全書》作『揚』。

〇太陰入限吉凶訣

訣云	太陰星曜限中逢，財祿豐盈百事通。嫁娶親迎添嗣續，常人得此旺門風。
又云	二限偏宜見太陰，添財進產福非輕。火鈴若也來相湊，未免官非疾患臨。
又云	限至太陰居反背，不喜羊陀三殺會。火鈴二限最為凶，若不官災多破悔。

〇貪狼星論

希夷先生曰：貪狼為北斗解厄之神，陽明之星。其氣屬木，其體屬水，故化氣為桃花，乃生禍之神。在數則樂為破蕩之事，遇吉則主富貴，遇凶則主虛浮，主人矮小，性剛威猛，機深謀遠，隨波逐流，愛憎難定。居廟旺，遇火星，武職權貴，戊己生人合局。遇軍相延壽，會廉武巧藝。得祿存，僧道宜之。殺破相沖，飄蓬度日，女人不宜，吉多亦不足論，主刑尅不潔。遇破軍，因花喪命。遇廉貞亦不潔。若失位見七殺，或見逐遭刑。遇羊陀痔疾。日月守身命，女有竊香之心，男有踰牆之意，更遇祿馬居三合生旺，男主酒色，女主無媒自嫁。武曲同度，奸險慳吝，廉貞同度，公庭遭刑。七殺同宮，必為屠宰。羊陀交並，必作風流之客。昌曲同宫，虛多實少。巨門交戰，口舌官非。遇太陰，則主淫佚。

在兄弟子息二宫，俱為陷地。

在夫妻，男不得美妻，女不得賢夫。

在疾厄，暗殺相並，酒色疾。與廉貞共處，不遭血光，亦防水災。

在遷移，逢破暗殺湊，並太歲，財遭損失。逢火星於旺地，同殺曜於廟宫，又居戌寅申生人，便為富貴。女人逢殺而行殺運，又遇羊陀破耗，是又淫蕩無恥。

在奴僕居廟旺，必為奴僕所破。

在田宅，破蕩祖業，先富後貧，逢吉有分。

○貪狼入命吉凶訣

訣云

四墓辰中福氣濃，提兵容易立邊功。

火星貴格[1]誠為貴，名震諸夷定有封。

又云

貪狼守命在羊宫，陀殺交加必困窮。

武破廉貞加殺湊，防身百藝自從容。

[1]『貴格』，《文本斗數全書》作『拱會』。

又云

四墓貪狼言地中①，加臨左右富財翁。
十年再化科權祿，性格剛柔喜氣濃②。

又云

貪狼陷地女非祥，衣食雖豐也不良。
尅害良人並男女，又教孤枕守孤房。

○貪狼入限吉凶訣

訣云

北斗貪狼入限來，若還入廟必和諧。
科權仕路多成就，必主當年發橫財。

又云

貪狼主限運來臨，更喜人逢四庫生。
若見火星宜橫發，自然富貴冠鄉鄰。

又云

限至貪狼事不常，只宜更改息災傷。
婦人六甲如懷處，吉曜三方免受殃。

又云

女限貪狼事不良，宜懷六甲免災殃。
若無吉曜來相會，須教一命入泉鄉。

①『言地中』，《文本斗數全書》作『廟旺宮』。
②『十年再化科權祿，性格剛柔喜氣濃』，《文本斗數全書》作『若然再化科權祿，文武材能顯大功』。

○巨門星論

希夷先生曰：巨門，北斗陰精之星，化氣為暗，在天司品物，在數掌暗昧是非，主人進退兩難，背是面非，六親寡合。十二宮中無廟旺照臨，到處為災。至亥子丑寅巳申，雖富貴亦不守久。會太陽則吉凶相半，逢七殺則主殺傷。貪耗同行，因奸徙配。遇帝座則制其強，逢祿存則解其厄。值羊陀，男盜女娼。對宮遇火鈴白虎，無帝座祿存，決配千里。三合殺湊，必遭火厄。此乃孤獨之宿，刻剝之神，僧道宜之。限無惡曜，災難亦輕。

在身命，一身[①]有脣舌之非。

在兄弟，骨肉參商。

在夫妻，生離死別，縱夫命有對，不免汙名失節。

在子息，雖有若無。

在疾厄，遇刑忌，眼目之災，殺臨主殘疾。

在遷移，多招是非。

在奴僕，怪怨背逆。

在官祿，主招刑杖。

在田宅，流離不聚。

① 『身』，《文本斗數全書》作『生』。

在福德，其禍稍輕。
在父母，則遭棄擲。

○巨門入命入限吉凶訣

訣云
巨門子午二宮逢，局中得遇以為榮。富貴之局
三合化科權祿照，石中隱玉主盈豐。

訣云
此星化暗不宜逢，更會凶星愈肆凶。
唇齒有傷兼性猛，若然入廟自光榮。

又云
巨門守命遇擎羊，鈴火逢之事不祥。
為人性急多顛倒，百事茫茫亂主張。

又云
巨門旺地多生吉，左右加臨壽更長。
女人得此誠為貴，簾卷珍珠坐繡房。

訣云
巨門主限化權星，最喜求謀百事成。
雖有官災並口舌，凶為吉兆得安寧。

又云
巨門入限動人愁，若遇喪門事不周。
士庶逢之多惹訟，居官失職又①丁憂。

①『又』，《文本斗數全書》作『或』。

〇天相星論

希夷先生曰：天相，南斗司祿之星，化氣為印，主人衣食豐足。昌曲左右加會，位至公卿。陷地貪廉武破羊陀殺湊，巧藝安身。火鈴衝破，殘疾。女人主聰明端莊，志過丈夫，三方吉拱，封贈論，若昌曲衝破，侍妾，在僧道則主清高。

歌云：

天相原屬木，化氣主官祿。
身命兩宮逢，定主多財祿①。
形體又肥滿，語言不輕瀆。
出侍主飛騰，居家主財穀。
二限若逢之，百事皆充足。

訣云

〇天相入命入限吉凶訣

天相星辰不等倫，照人身命喜無垠。
為官必主居元宰，三合相逢福不輕。

① 『祿』，《文本斗數全書》作『福』。

又云	又云	又云

天相之星最主財，殺①臨二限悉無災。
動作謀為皆遂意，優遊享福自然來。

天相之星有幾般，三方不喜惡星纏。
羊陀空劫來相會，口舌官災禍亦連。

限臨天相遇擎羊，作禍興殃不可當。
更有火鈴諸殺湊，須教一命入泉鄉。

〇天梁星論

希夷先生曰：天梁，南斗司壽之星，化氣為蔭為壽，佐上帝威權，為父母宮主。主人清秀溫和，形神穩重，性情磊落，善談兵法。得昌曲左右加會，位居台省。在父母宮，則厚重威嚴。會太陽於福德，極品之貴，戊己生人合局，若四殺衝破，則苗而不秀。逢天機耗曜，僧道清閒，如貪巨同度，則敗常亂俗。在奴僕疾厄，亦非豐饒之論。廉貞刑忌見之，必無克敵之虞，火鈴刑暗遇之，亦無征戰之撓。太歲沖而為福，白虎會而無災，奏書會則有意外之榮，青龍動則有文書之喜，小耗大耗交遇，所幹無成，病符官符相侵，不為災論。女人吉星入廟，旺夫益子，昌曲左右扶持，封贈。羊陀火忌衝破，刑剋遭非不潔，僧道宜之。

①『殺』，《文本斗數全書》作『照』。

歌云：

天梁原屬土，南斗最吉星。
化蔭名延壽，父母宮主星。
田宅兄弟內，得之福自生。
形神自持重，心性更和平。
生來無災患，文章有聲名。
六親更和睦，仕宦居王庭。
巨門若相會，勞碌曆難[1]辛。
若逢天機照，僧道享山林。
二星在辰戌，福壽不須論。

○天梁入命吉凶訣

訣云

天梁之曜數中強，形神穩重性溫良。
左右曲昌來會合，管教富貴列朝綱。

[1]『難』，《文本斗數全書》作『艱』。

又云 天梁遇火來相合，陀殺加之多不貴。孤刑帶疾少六親，只可辛勤為活計。

又云 辰戌機梁非小補，破軍卯酉不為良。女人得此為孤獨，尅子刑夫守冷房。

○天梁入限吉凶訣

訣云 天梁化蔭吉星和，二限逢之福必多。若是吉逢於廟地，貴居極品輔山河。

又云 天梁守限壽延長，作事求謀更吉昌。若遇火鈴來沖合，須防一厄與家亡。

○七殺星論

希夷先生曰：七殺，斗中上將，遇紫微則化權降福，遇火鈴則為殺長威。遇凶曜於生鄉，定居屠宰，會昌曲於要地，情性頑嚚。身殺逢凶於要地，命殺逢凶於三方，流殺並小限，必主陣亡。會巨日於帝旺及空亡之地，刑法不輕，爵祿淩散，二限會身命殺三合對沖，雖祿無力。秘云：七殺居陷地，沉吟福不生是也。二主[1]逢之，定曆艱辛，二限逢之，遭殃破敗。遇帝祿而可解，遭流殺而愈凶。守身命，作事進退，喜怒不常，左右昌曲天府入廟拱照，掌生殺之權，富貴出眾。若四殺忌星衝破，巧藝平常，陷地殘疾。女命旺地，財權服眾，志過丈夫，四殺衝破，刑剋不潔，僧道宜之，若殺湊，飄蕩流移還俗。

○七殺入命吉凶訣

訣云	又云	又云	又云
七殺寅申子午宮，四夷拱手服英雄。魁鉞左右文昌會，權祿名高食萬鐘。	殺居陷地不堪言，凶禍猶如抱虎眠。若是殺強無制伏，少年惡死到黃泉。	七殺金星刑，孛星亦其名。孤單多刑剋，只是道與僧。	女命愁逢七殺星，平生作事果聰明。氣高志大無兒女，不免刑夫曆苦辛。

①『主』，《文本斗數全書》作『宮』。

又云

七殺孤星貪宿遇，火陀湊合非為貴。
女人得此性溫良①，只好偏房為使婢。

○七殺入限吉凶訣

二限雖然逢七殺，從容和緩家道發。

訣云

對宮天府正來朝，仕宦逢之名顯達。
七殺之星即啾唧，作事艱難失又失②。

又云

更加惡殺在其中，二限逢之要端的③。

○破軍星論

希夷先生曰：破軍，北斗天闕之星，司夫妻子息奴僕之神。在天為殺氣，在數為耗星，故化氣為耗，主人兇暴狡詐，性剛寡合，視六親如寇仇，處骨肉無仁義。六癸六甲生人合格，主富貴。陷地加殺衝破，巧藝殘疾，不守祖業，僧道宜之。女人衝破，淫蕩無恥。此星

---

①『溫良』，前後文義相悖，《文本斗數全書》作『不良』。
②『失又失』，《文本斗數全書》作『俱有失』。
③此句《文本斗數全書》作『更加惡曜在限中，主有官災多病疾』，聊備考覽。

居紫微則失威權，逢天府則作奸偽，會天機則鼠竊狗偷，與廉貞火鈴同度則決起官方，與巨門同度則口舌鬥爭，與刑忌同度則終身殘疾，與武曲入財則東傾西敗，與文星守命則一生貧士。遇諸凶結黨破敗，遇陷地，其禍不輕。惟天梁可制其惡，天祿可解其凶。若逢流殺交並，家業蕩空。與文曲入於水域，殘疾離鄉。與文昌入於震宮，遇吉可貴。若女命逢之，無媒自嫁。凡坐人身命居子午，貪狼七殺相拱，則威震華夷。或與武曲同居巳宮，貪廉拱合，亦居台閣，但看惡星何如，庚癸生人入格，到老亦不全美。

在身命陷地，棄祖離宗。

在兄弟骨肉參商。

在夫妻，不正，主星婚姻進退。

在子息，先損後成。

在財帛，如湯澆雪。

在疾厄，致尫羸之疾。

在遷移，奔走無方。

在奴僕，怨謗逃亡。

在官祿，清貧。

在田宅，陷地破蕩。

在福德，多災。
在父母，破相。

〇破軍入命吉凶訣

訣云	破軍七殺與貪狼，入廟英雄不可當。 關羽命逢為上將，庶人富足置田莊。
又云	破軍一曜最難當，化為權祿喜非常。 若還陷地仍加殺，破祖離宗出遠鄉。
又云	破軍入命要推詳，廟地方知福祿昌。 更遇文昌魁鉞湊，管教運至坐琴堂。
又云	破軍子午為入廟，女命逢之大吉昌。 性格有能偏出衆，旺夫益子姓名香。
又云	破軍女命不宜逢，擎羊加陷便為凶。 尅害良人非一次，須教悲哭度朝中。

○破軍入限吉凶訣

訣云	破軍入限要推詳，廟地無凶少損傷。 殺湊陷宮防破耗，更防妻子自身亡。
又云	破軍主限多膿血，失脫乖張不可尋。 更值女人為孝服，血光產難又來侵。

○文昌星論

希夷先生曰：文昌守身命，主人幽閒儒雅，清秀魁梧，博聞廣記，機變異常，一舉成名，披緋衣紫，福壽雙全。縱四殺衝破，不為下賤。女人加吉得地，衣祿充足，四殺衝破，偏房下婢。僧道宜之，加權祿，重厚有師號。

○文昌入命吉凶訣

訣云	文昌主科甲，辰巳是旺地。 利午嫌卯酉，火生人不利。
又云	文昌坐命旺宮臨，志大才高抵萬金。 文藝精華心壯大，須教平步上青雲。

又云	文昌守命亦非常，限不夭殤福壽長。只怕限沖逢火忌，須教夭折帶刑傷。
又云	女人身命值文昌，秀麗清奇福更長。紫府對沖三合照，管教富貴著霞裳。
又云	文昌女命遇廉軍，陷地擎羊火忌星。若不為娼終壽夭，偏房猶得主人輕。

○文昌入限吉凶訣

訣云	文昌之宿最為清，斗數之中第一星。僧道限逢多遇貴，士人值此占科名。
又云	限遇文昌不得地，更有羊陀火鈴忌。官非口舌破家財，未免刑傷多悔滯。

○文曲星論

希夷先生曰：文曲守身命，居巳酉丑，官居侯伯。武貪三合同垣，將相之格，文昌遇合亦然。若陷宮午戌之地，巨門羊陀衝破，喪命夭年，水火驚險。居亥卯未旺地，與天梁天相會，主聰明博學。只宜僧道①。若女命值之，清秀聰明，主貴，若陷地衝破，淫賤。

○文曲入命吉凶訣

訣云

文曲守命最為良，相貌堂堂志氣昂。
士庶逢之應福厚，丈夫得此受金章。

又云

文曲守垣逢火忌，不喜三方惡殺聚。
此人雖巧未為良，惟有空門多遇貴。

又云

女人命裡逢文曲，相貌清奇多有福。
聰明伶俐不尋常，有殺偏房纔發福②。

○文曲入限吉凶訣

訣云

二限若逢昌與曲，士庶斯年須發福。
更添左右會天同，財祿滔滔為上局。

---

① 『只宜僧道』前，《文本斗數全書》、臺本多三字：『殺衝破』。
② 『纔發福』，《文本斗數全書》作『也淫欲』。

又云

文曲限遇廉陀羊，陷地非災惹禍殃。
更兼命裡星辰弱，須教自己入泉鄉。

○流年科名科甲論

玉蟾先生曰：命逢流年昌曲，為科名科甲，大小二限逢之三合拱照，太陽又照流年祿，小限太歲逢魁鉞左右台座，並日月科權祿馬三方拱照，決然高中無疑。然非必此數星俱全，方為大吉，但以流年科甲為主，如命限值之，其餘吉曜若得二三拱照，亦必高中。但二星在巳酉得地，不富即貴，只多不能奈久。

歌云：

南北昌曲星，數中推第一。
身命最為佳，諸吉恐非吉。
得居人命上，桃花浪三汲。
入仕更無虛，從容要輔弼。
只恐惡殺沖，火鈴羊陀激。
若還逢陷地，苗而秀不實。
不是公吏人，九流並藝術。

無破宰職權，女人多淫佚。
樂居亥子丑，空亡宮無益。
又云：
文曲原屬水，科甲文光星。
文昌亦為吉，在數為最祥。
若遇身命內，定是冠科場。
帝相居官祿，宰職面君王。

○左輔星論

希夷先生曰：左輔，帝極主宰之星，守身命諸宮降福，主人形貌敦厚，慷慨風流，紫府祿權貪武三合沖照，主文武大貴。火忌衝破，雖富貴不久。僧道清閒，女人溫厚賢曉，旺地封贈，火忌衝破，以中局斷之。

○左輔入命限吉凶訣

訣云
左輔尊星能降福，風流敦厚通今古。
紫府祿權貪武會，文官武職多清淑①。

又云
左輔限逢福氣興，常人富足累千金。
官員更得權祿照，職位高遷佐聖明。

又云
左輔之星入限來，不宜殺湊主悲哀。
火鈴空劫來相湊，財破人亡事事衰。

○右弼星論

希夷先生曰：右弼，帝極主宰之星，守身命，文墨精通。紫府吉星同垣，財官雙美，文武雙全。羊陀火忌衝破，下局斷之。女人賢良有志，女中堯舜。四殺衝破，不為下賤。僧道清閒。

○右弼入命入限吉凶訣

訣云
右弼天樞上宰星，命逢重厚最聰明。
若無火忌羊陀會，加吉財官冠世英。

①『淑』，《文本斗數全書》作『貴』。

又云

右弼入限最為榮，人財興旺必多能。
官員遷擢僧道喜，士子攻書必顯名。

又云

右弼主限遇凶星，掃盡家資百不成。
士遭傷敗奴欺主，更教家被主官傾。

○左輔右弼總訣

左輔原屬土，右弼水為根。
失君為無用，三合宜見君。
若在紫微位，爵祿不須論。
若在夫妻位，主人定二婚。
若與廉貞並，惡賊遭鉗髡。

○天魁天鉞星論

希夷先生曰：魁鉞，斗中司科之星，人命坐貴向貴，或得左右吉聚，無不富貴。況二星又為上界和合之神，若魁臨命，鉞守身，更迭相守，更遇紫府日月昌曲左右權祿相湊，少年必娶美妻。若遇大難，必得貴人扶助。小人不一，亦不為凶。限步巡逢，必主女子添善①，生男則俊雅，入學功名有成，生女則容貌端莊出眾超群。若四十以後，逢墓庫不依此斷，有凶亦不為災。居官者，賢能威武，聲名遠播。僧道享福，與人和睦，不為下賤。女人吉多，宰輔之妻，命婦之論，若加惡殺，亦為富貴，但不免私情淫佚。

○魁鉞入命入限訣

訣云　天乙貴人眾所欽，命逢金帶福彌深。飛騰名譽人爭慕，博雅皆通古與今。

又云　魁鉞二星限中強，人人遇此廣錢糧。官吏逢之發財福，當年必定面君王。

又云　三合對拱貴為奇，必定當年換紫衣。少比黑頭居相府，高扳丹桂有何遲。

①『善』，《文本斗數全書》作『喜』。

〇祿存星論

希夷先生曰：祿存，北斗第三真人之星，主人貴爵，掌人壽基，帝相扶之施權，日月得之增輝，天府武曲為厥職，天梁天同共其祥。十二宮惟身命田宅財帛為緊，主富。居遷移則佳。與帝星守官祿，宜子孫於爵秩。若獨守命而無吉化，乃看財奴耳。逢吉呈其權，遇惡敗其跡。最嫌落於陷空，不能為福，更湊火鈴空劫，巧藝安身，蓋祿爵當得勢而享之。守身命，主人慈厚信直，通文濟楚。女人清淑機巧，能幹能為，有君子之志，紫府廉同會合，作封贈上局。大抵此星諸宮降福消災，然祿存不居四墓之地者，蓋以辰戌為魁罡之地，丑未乃貴人之門，故祿元避之，良有以也。

歌云：

北斗祿存星，數中為上局。
守值身命位，不貴多金玉。
此為諸吉星，亦可登仕路。
文人有聲譽，武人有厚祿。
常庶發橫財，僧道主獲福。
官吏若逢之，斷然食天祿。

○祿存入命吉凶訣

訣云	又云
祿存對面守遷移，三合逢之利祿宜。得逢遐邇人欽敬，的然白手起家基。	夾祿拱貴並甲①祿，命裡重逢金滿屋。不惟萬丈比諸侯，一食萬鍾猶未足。

○祿存入限吉凶訣

訣云	又云
祿存主限最為良，作事求謀盡吉昌。仕宦逢之應轉職，庶人得此廣錢糧。	祿存主限有多般，不喜三方惡殺纏。作事美中還未美，須防家破與家寒。

○天馬星論

希夷先生曰：天馬，諸宮各有制化。如身命臨之，謂之驛馬，喜祿存紫府昌曲守照為吉。如大小二限臨之，更遇祿存紫府流昌必利。此星有制化者，如祿存同宮，謂之祿馬交

①『甲』，《文本斗數全書》作『化』。

馳，又曰折鞭馬未詳。紫府同宮，謂之扶輿馬主勞。刑殺同宮，謂之負屍馬。火星同宮，謂之戰馬。日月同宮，謂之雌［雄］①馬。逢空亡，謂之死亡馬。居絕地，謂之死馬。遇陀羅，謂之折足馬。以上犯此數者，俱主災病，流年值之，以此斷。

○天馬入限吉凶訣

訣云	又云

天馬臨限最為良，祿存紫府遇非常。此名起祿逐馬

官員逢之甚如意，士人此歲中科場。

天馬守限不得住，又怕劫空來相遇。

更兼太歲坐宮中，限到其人尋死路。

○化祿星論

希夷先生曰：祿為福德之神，守身命官祿之位，科權相逢，必做大臣之職。小限逢之，主進財入仕之喜，大限十年吉慶。惡曜來臨，並陀羊火忌沖照，亦不為害。婦人吉湊，作命婦，二限逢之，內外威嚴，殺沖平常。

①原頁殘損，『雌雄馬』據《文本斗數全書》補入。

○化祿入命斷訣

十干化祿最為榮，男命逢之福自申。

訣云	又云	又云
武職揚威邊塞上，文官名譽滿朝廷。祿主天同遇太陽，庶人大富置田莊。	資財六畜皆興旺，更主求謀大吉昌。	祿合鴛鴦局更高，斯人文武總英豪。堆金積玉真榮顯，爵位高遷衣錦袍。謂祿主祿存三合照命是也。

○化祿入限斷訣

訣云
限中若遇祿來臨，爵位高遷佐聖明。常庶相逢當大富，自然蓄積疊金銀。

○化權星論

希夷先生曰：權者，掌判生殺之神，守身命，科祿相迎，出將入相。科權相逢，必定文章冠世，亦且古怪，主別處人欽敬①。小限相逢，無有不吉。大限十年，必遂②。如逢羊陀耗使劫空，聽讒貽累，官災貶謫。女人得之，內外稱意，可作命婦。僧道掌山林，有師號。

○權星入命斷訣

訣云

權殺之星不可當，三邊鎮守好軒昂。
命身二限皆為吉，不落空亡壽更長。

又云

權星最喜吉星扶，志氣軒昂膽氣粗。
更值巨門並武曲，自然專政掌兵符。

又云

化權吉曜女人逢，更喜加臨祿位豐。
富貴雙全人敬服，奪夫權柄福興隆。

○權星入限斷訣

訣云

此星主限最非常，官位高升佐帝王。
財帛增添宜創業，從今家道保安康。

① 『必定文章冠世，亦且古怪，主別處人欽敬』，《文本斗數全書》。『必定文章冠世，人皆欽仰』。
② 『大限十年，必遂』，《文本斗數全書》作『大限十年，必然得志』。

又云

權星若遇武貪臨，作事求謀盡得成。
君子增名添祿位，庶人家積寶金銀。

○化科星論

希夷先生曰：科者，上界應試，主掌文墨之星。守身命，權祿相逢，宰臣之貴。如逢惡曜，亦為文章秀士，可作群英師範。女命吉拱，主貴婦封贈。雖四殺衝破，亦為富貴，與科星拱沖同論。

○科星入命斷訣

訣云

科星文宿最為良，包藏錦繡美文章。
一躍禹門龍變化，管教聲譽達朝堂。

又云

科星入命豈尋常，錦繡才華展廟廊。
更遇曲星魁鉞宿，龍門一躍姓名揚。

又云

化科女命是良星，四德兼全性格清。
更遇吉星權祿湊，夫榮子貴作夫人。

○［科星入限斷訣］①

科星主限遇文昌，士人一舉姓名揚②。入限斷

訣云

僧道逢之多富貴，庶人富足置田莊③。

○化忌星論

希夷先生曰：忌為多管之神，守身命，一生不順。小限逢之，一年不是，大限十年悔吝，二限太歲交臨，斷然蹭蹬。文人不奈④久，武人縱有官災口舌，不妨。雖商賈藝人，在處不宜。如會紫府昌曲左右科權祿與忌同宮，又兼四殺共處，即係發不住財，祿主纏於弱地，苗而不秀，科星陷於凶鄉是也。如單逢四殺耗使劫空，主奔波帶疾，僧道流移返俗，女人一生貧夭。或太陽在寅卯辰巳化忌，太陰在酉戌亥子化忌，反為福論。其餘諸星化忌，各審五行不同，如廉貞在亥化忌，是為火入水鄉，又逢水命人忌，不為害。

---

① 『科星入限斷訣』，此標目原本無，據祿權科忌體例補入。

② 『揚』，《文本斗數全書》作『香』，詳見下注。

③ 『僧道逢之多富貴，庶人富足置田莊』，《文本斗數全書》作『僧道庶人多富貴，百謀百遂事英揚』。

④ 『奈』，《文本斗數全書》作『耐』。

○忌星入命斷訣

訣云	又云	又云

諸星化忌不宜逢，更會凶星愈肆凶。
若得吉星來救助，縱然富貴不豐隆。
女人化忌本非奇，更遇凶星是禍基。
衣食艱辛貧賤甚，吉星湊合減災危。
貪狼破軍居陷地，遇吉化忌終不利。
男為奸盜女為娼，因殺照命無眠睡。

○忌星入限斷訣

訣云	又云

忌星入廟反為良，縱有官災亦不傷。
一進一退名不遂，更兼遇吉保安康。
二限宮中見忌星，致災非禍必家傾。
為官退職遭贓濫，胥吏須妨禁錮身①。

① 『胥吏須妨禁錮身』，《文本斗數全書》作『胥吏須妨禁杖刑』。

又云

忌星落陷在閒宮，惡殺加臨作禍凶。
財散人離遭疾苦，傷官退職孝重重①。

○地劫星論

希夷先生曰：地劫乃劫殺之神，守身命，作事疏狂，不行正道。二限逢之，會紫府左右魁鉞相助，亦防損失。若四殺空耗殤使巡逢，財散人亡。女人逢之，身懷六甲，須防產厄。

○地劫入命入限斷訣

訣云

地劫從來生發疾，命中相遇多啾唧。
若還羊火在其中，辛苦持家防內室。

又云

劫星二限若逢之，未免其年有禍危。
太歲殺臨多疾厄，官符星遇有官非。

○地空星論

希夷先生曰：地空乃空亡之神，守身命，作事進退，成敗多端，若太歲及二限逢之，無

①『重重』，《文本斗數全書》作『重逢』。

吉曜守照，災悔多端，主出家，入廟則吉。

○地空入命入限斷訣

訣云

命坐空亡好出家，文昌天相實堪誇。
若逢四殺臨身命，受蔭承恩福可佳。

又云

空亡入限破田莊，妻子須防有損傷。
財帛不惟多敗失，更憂壽命入泉鄉。陷地依此斷

○劫空總論

玉蟾先生曰：二星守命，遇吉則吉，遇凶則凶，如四殺沖照，輕者下賤，重者六畜，僧道不正，女子婢妾，刑剋孤獨。大抵二星俱不宜見，定主破財，二限逢之必凶。

○劫空同入命限斷訣

訣云

劫空為害最愁人，才智英雄誤一身。
只好為僧光學術，堆金積玉也須貧。

又云

極居卯酉劫空臨，為僧為道福興隆。
樂享山林俱有號，福壽雙全直到終。

又云

劫空二限最乖張，限到斯年也不強。
項羽英雄當此死①，綠珠逢此墜樓亡。

○天殤天使二星論

希夷先生曰：天殤乃上天虛耗之神，天使乃上天驛使之神。太歲二限逢之，不問得地否，只要吉多為善，其福稍輕，如無吉，值巨機羊陀火忌，其年必主官災喪亡破敗。

訣云

天耗守限號天殤，夫子在陳也絕糧。
天使臨限諸人忌，石崇豪富亦破亡。

○擎羊星論

希夷先生曰：羊刃，北斗之助星，守身命，性粗行暴，孤單則喜，處眾則視親為疏，翻恩為怨。入廟，性剛果決，機謀好勇，主權貴。北方生人為福，四墓生人不忌。居卯酉，作禍興殃，刑剋太甚，六甲六戊生人，必有凶禍，縱富貴不久，亦不善終。若九流，工藝辛

①『項羽英雄當此死』，《文本斗數全書》。

勤，加火忌劫空衝破，殘疾離祖，刑尅六親。女人入廟加吉，上局，四殺衝破，刑尅，下局。

○羊刃入命入限吉凶訣

訣云	祿前火位①為羊刃，上將逢之福祿加。更得貴人相守照，兵權萬里壯皇家。
又云	擎羊守命要推詳，四墓生人免禍殃。若得紫府來會合，富貴榮華福壽長。
又云	擎羊刃殺最為凶，二限休教落陷逢。身命亦然 尅子刑妻猶未了，徙流遠配去從戎。加吉不是

○陀羅星論

希夷先生曰：陀羅，北斗之助星，守身命，心行不正，暗淚長流，性剛威猛，作事進退，横成横破，飄蕩不定。與貪狼同度，因酒色以成癆，與火鈴同處，定疥疫之不死。居疾厄，暗疾纏綿。辰戌丑未生人為福，在廟財官論，文人不耐久，武人横發高遷。若陷地加殺，刑尅招凶，二姓延生，女人刑尅下賤。

---

①『火位』，據《文本斗數全書》作『一位』。

○陀羅入命入限吉凶訣

訣云

陀羅命內坐中存，更喜人逢四墓生。
再得紫微昌府合，財祿豐盈遠播名。

又云

限遇陀羅事亦多，必然忍耐要謙和。
若無吉曜同相會，須教一夢入南柯。

○羊陀二星總論

玉蟾先生曰：羊陀乃斗前二使，在天司引奏，在數主凶危，怕臨父母田宅兄弟三宮。三合臨於身命，見昌曲主有暗痣，見日月男女俱剋。逢日月損目，守桃花因色喪身。

歌云：

刑與暗同行，暗疾刑六親。
火鈴遇凶伴，只宜道與僧。
權刑囚合殺，疾病災危侵。
貪耗流年聚，面上刺痕新。
運限若逢此，橫禍血刃生。

〇羊陀入命入限斷訣

訣云

二曜休教命運逢，不行善事定為凶。
縱然化吉無成敗，若遇凶星下賤窮。

又云

夾身夾命有陀羊，火鈴空劫又來傷。如祿逢生旺，
天祿不逢生旺地，刑妻剋子不為良。雖四殺沖命無害。

訣云

天羅地網遇羊陀，二限逢之禍必多。
若是命中星主弱，須教魂魄見閻羅。

又云

羊陀迭並命難逃，七殺重逢禍必遭。
二限俱逢於陷地，十生九死不堅牢。

〇火星論

希夷先生歌曰：

火星大殺將，南斗號殺神。
若坐身命位，諸宮不可臨。
性氣亦沉毒，剛強出眾人。
毛髮多異類，唇齒有傷痕。

更同羊陀會，繈褓必災迍。
過房出外養，二姓可延生。
此星東南利，不利西北人。
若得貪狼會，旺地貴無倫。
封侯居上將，勳業著邊庭。
三方無殺破，中年後始興。
僧道多飄［蕩，不守規戒心。
女人旺地潔，陷地主邪淫。
刑夫又剋子，下賤勞碌人。

〇火星入限吉凶訣

訣云

火星得地限宮逢，喜氣盈門百事通。
仕宦逢之皆發福，常人得此財豐隆。

又云

火星一宿最乖張，無事官災鬧一場。
剋害六親應不免，破財艱苦免恓惶。

①以下原本殘缺，據《文本斗數全書》、《連本斗數全集》、參校補入。

〇鈴星論

鈴星，南斗助星，希夷先生歌曰：

大殺鈴星將，南斗為從神。
值人身命者，性格亦沉吟。
形貌多異類，威勢有聲名。
若與貪狼會，指日立邊庭。
廟地財官貴，陷地主孤貧。
羊陀若湊合，其形大不清。
孤單並棄祖，殘傷帶疾人。
僧道多飄蕩，還俗定無倫。
女人無吉曜，刑剋少六親。
終身不貞潔，壽夭仍困貧。
此星大殺將，其惡不可禁。
一生有凶禍，聚實為虛情。
七殺主陣亡，破軍財屋傾。
廉宿羊刑會，卻宜主刀兵。

或遇貪狼宿，官祿亦不寧。
若逢居旺地，富貴不可倫。

○鈴星入限吉凶訣

訣云

限至鈴星事若何，貪狼相遇福還多。
更加入廟逢諸吉，富貴聲揚處處歌。

又云

鈴星一宿不可當，守臨二限必顛狂。
若無吉曜來相照，未免招災惹禍殃。

○羊陀火鈴四星總論

玉蟾先生歌曰：

鈴火陀羅金，擎羊刑忌訣。
一名為掃星，又名短壽殺。
君子失其權，小人犯刑法。
孤獨尅六親，災禍常不歇。
腰足唇齒傷，勞碌多蹇剝。
破相又勞心，乞丐填溝壑。

武曲並貪狼，一世招兇惡。
疾厄若逢之，四時不離著。
只宜山寺僧，金谷常安樂。

○天刑星論訣

希夷先生曰：天刑守身命，不為僧道，定主孤刑，不夭則貧，父母兄弟不得全。二限逢之，主出家官事牢獄失財，入廟則吉。

訣云	天刑未必是凶星，入廟名為天喜神。 昌曲吉星來湊合，定然獻策到王庭。
又云	刑居寅上並酉戌，更臨卯位自光明。 必遇文星成大業，掌握邊疆百萬兵。
又云	三不了兮號天刑，為僧為道是孤身。 天哭二星皆同到，終是難逃有疾人。

〇天姚星論訣

希夷先生曰：天姚守身命，心性陰毒，多疑惑，善顏色，風流多婢，主淫。入廟旺，主富貴多奴。居亥，有學識。會惡星，破家敗產，因色犯刑。六殺重逢，少年夭折。若臨限，不用媒妁，招手成婚。或紫微吉星加，剛柔相濟，主風騷。加紅鸞，愈淫。加刑刃，主夭。

訣云

天姚居戌卯酉遊，更入雙魚一併求。
福厚生成耽酒色，無災無禍度春秋。

又云

天姚星與敗星同，號曰人間掃帚凶。
辛苦平生過一世，不曾安跡在家中。

又云

人身偶爾值天姚，戀色貪花性氣囂。
此曜若居生旺地，位登極品亦風騷。

〇天哭天虛星論訣

希夷先生歌曰：

哭虛為惡曜，臨命最非常。
加臨父母內，破蕩賣田莊。
若教身命陷，窮獨帶刑傷。

六親多不足，煩惱度時光。
東謀西不就，心事總茫茫。
丑卯申宮吉，遇祿名顯揚。
二]①限若逢之，哀哀哭斷[腸。

○紅鸞星論[訣]②

希夷先生曰：紅[鸞臨身命，主得吉慶之事，男招美妻，女招]③貴夫，如入廟[則吉，失陷則凶。]④

歌云：

紅鸞[星最善，婚配有良緣。更喜辰丑地，富貴永綿]①綿。
財貨[十分美，貌美事光妍。福德同身命，超群衆所賢。②]

①以上數篇，原本殘缺，據《文本斗數全書》、《連本斗數全集》、參校補入。
②『訣』字據序目『紅鸞星論訣』補入。，所涉紅鸞論訣原頁惟剩一角，寥寥數字，《文本斗數全書》未見此論，此據《連本斗數全集》補入。
③原本殘缺，據《連本斗數全集》補入。
④原本殘缺，『則吉，失陷則凶。』據《連本斗數全集》補入。

更有流［年論，其星依此安。二限值此宿，喜事定然來。］

〇［太歲論訣］③

［歲君火，乃流年太歲星君。與諸凶神相遇，皆與不謀，忌與大小二限相沖。若逢大限，遇紫府、昌曲、左右、魁鉞吉星扶救，災少，亦防六畜死失。若遇羊陀、火鈴、劫空、傷使，財破身亡。女命逢之，防產難之厄，若有救，可免死亡。

歌云：

太歲之星不可當，守臨宮限要推詳。
若無吉曜來相助，未免官災鬧一場。］

［四卷終］

①原本殘缺，據《連本斗數全集》補入。
②原本殘缺，據《連本斗數全集》補入。
③據序目有『太歲論訣』，此編原本殘缺，據《文本斗數全書》補入。

後跋

人有人緣，書有書運，人緣聚而書運開，人謀事而天成之，此紫微斗數集之所以湮沒百年而重見天日者也。人緣天心，大可思哉！

孔孟皆以命字難違。以余賤降之時試之斗數，為同梁在寅格。命主天梁，雖有化凶解厄之能，然每多艱澀曲折之難，非此則無以見其解化之功，故是集之刊行，誠不易也！

世間萬象，皆為五行時運所主，人亦何能逃氣數也！曾文正公嘗自囑碑銘曰：不信書，信運氣；公之言，告萬世。以曾公經天緯地、博涉百家之才，修身礪心、久罹患難之思，竟以運氣一語告終，道在是矣，又何疑焉！

斗數之學，神妙獨到，傳至今日，玄機難盡，倘未有先達傳之於前，安有後生述之於後？華夏子裔當以嗣承絕學，復興國粹為志為恒，上答先祖，下惠後世，庶不負吾炎黃之身。

蒿目時艱，教化陵夷，風俗頽廢。緣由『人心惟危，道心惟微』，是集問世之旨，或有補於世道人心，亦庶乎於習斗數者行遠升高之一助云爾。

辛卯季秋　馮一敬跋

編號	書名	作者	說明
占筮類			
1	擲地金聲搜精秘訣	心一堂編	沈氏研易樓藏稀見易占秘鈔本
2	卜易拆字秘傳百日通	心一堂編	
3	易占陽宅六十四卦秘斷	心一堂編	火珠林占陽宅風水秘鈔本
星命類			
4	斗數宣微	【民國】王裁珊	民初最重要斗數著述之一；未刪改本
5	斗數觀測錄	【民國】王裁珊	失傳民初斗數重要著作
6	《地星會源》《斗數綱要》合刊	心一堂編	失傳的第三種飛星斗數
7	《斗數秘鈔》《紫微斗數之捷徑》合刊	心一堂編	珍稀「紫微斗數」舊鈔秘本
8	斗數演例	心一堂編	
9	紫微斗數全書（清初刻原本）	題【宋】陳希夷	斗數全書本來面目；有別於錯誤極多的坊本
10-12	鐵板神數（清刻足本）——附秘鈔密碼表	題【宋】邵雍	無錯漏原版 秘鈔密碼表 首次公開！
13-15	蠢子數纏度	題【宋】邵雍	蠢子數連密碼表 打破數百年秘傳 首次公開！
16-19	皇極數	題【宋】邵雍	清鈔孤本附起例及完整密碼表 研究神數必讀！
20-21	邵夫子先天神數	題【宋】邵雍	附手鈔密碼表 研究神數必讀！
22	八刻分經定數（密碼表）	題【宋】邵雍	皇極數另一版本；附手鈔密碼表
23	新命理探原	【民國】袁樹珊	子平命理必讀教科書！
24-25	袁氏命譜	【民國】袁樹珊	
26	韋氏命學講義	【民國】韋千里	民初二大命理家南袁北韋 北韋之命理經典
27	千里命稿	【民國】韋千里	
28	精選命理約言	【民國】韋千里	
29	滴天髓闡微——附李雨田命理初學捷徑	【民國】袁樹珊、李雨田	命理經典未刪改足本
30	段氏白話命學綱要	【民國】段方	民初命理經典最淺白易懂
31	命理用神精華	【民國】王心田	學命理者之寶鏡

32	命學探驪集	【民國】張巢雲	發前人所未發
33	澹園命談	【民國】高澹園	
34	算命一讀通——鴻福齊天	【民國】不空居士、覺先居士合纂	稀見民初子平命理著作
35	子平玄理	【民國】施惕君	
36	星命風水秘傳百日通	心一堂編	
37	命理大四字金前定	題【晉】鬼谷子王詡	源自元代算命術
38	命理斷語義理源深	心一堂編	稀見清代批命斷語及活套
39－40	文武星案	【明】陸位	失傳四百年《張果星宗》姊妹篇 千多星盤命例 研究命學必備
相術類			
41	新相人學講義	【民國】楊叔和	失傳民初白話文相術書
42	手相學淺說	【民國】黃龍	民初中西結合手相學經典
43	大清相法	心一堂編	重現失傳經典相書
44	相法易知	心一堂編	
45	相法秘傳百日通	心一堂編	
堪輿類			
46	靈城精義箋	【清】沈竹礽	沈氏玄空遺珍 玄空風水必讀
47	地理辨正抉要	【清】沈竹礽	
48	《玄空古義四種通釋》《地理疑義答問》合刊	沈瓞民	
49	《沈氏玄空吹虀室雜存》《玄空捷訣》合刊	【民國】申聽禪	
50	漢鏡齋堪輿小識	【民國】查國珍、沈瓞民	
51	堪輿一覽	【清】孫竹田	失傳已久的無常派玄空經典
52	章仲山挨星秘訣（修定版）	【清】章仲山	章仲山無常派玄空珍秘 門內秘本首次公開 沈竹礽等大師尋覓一生未得之珍本！
53	臨穴指南	【清】章仲山	
54	章仲山宅案附無常派玄空秘要	心一堂編	
55	地理辨正補	【清】朱小鶴	玄空六派蘇州派代表作
56	陽宅覺元氏新書	【清】元祝垚	簡易・有效・神驗之玄空陽宅法
57	地學鐵骨秘 附 吳師青藏命理大易數	【民國】吳師青	釋玄空廣東派地學之秘
58－61	四秘全書十二種（清刻原本）	【清】尹一勺	玄空湘楚派經典本來面目 有別於錯誤極多的坊本

62	地理辨正補註　附　元空秘旨　天元五歌　玄空精髓　心法秘訣等數種合刊	【民國】胡仲言	貫通易理、巒頭、三元、三合、天星、中醫
63	地理辨正自解	【清】李思白	公開玄空家「分率尺、工部尺、量天尺」之秘
64	許氏地理辨正釋義	【民國】許錦灝	民國易學名家黃元炳力薦
65	地理辨正天玉經內傳要訣圖解	【清】程懷榮	秘訣一語道破，圖文并茂
66	謝氏地理書	【民國】謝復	玄空體用兼備、深入淺出
67	論山水元運易理斷驗、三元氣運說附紫白訣等五種合刊	【宋】吳景鸞等	失傳古本《玄空秘旨》《紫白訣》
68	星卦奧義圖訣	【清】施安仁	三元玄空門內秘笈　清鈔孤本 過去均為必須守秘不能公開秘密 與今天流行飛星法不同
69	三元地學秘傳	【清】何文源	
70	三元玄空挨星四十八局圖說	心一堂編	
71	三元挨星秘訣仙傳	心一堂編	
72	三元地理正傳	心一堂編	
73	三元天心正運	心一堂編	
74	元空紫白陽宅秘旨	心一堂編	
75	玄空挨星秘圖　附　堪輿指迷	心一堂編	
76	姚氏地理辨正圖說　附　地理九星并挨星真訣全圖　秘傳河圖精義等數種合刊	【清】姚文田等	蓮池心法　玄空六法 門內秘鈔本首次公開
77	元空法鑑批點本——附　法鑑口授訣要、秘傳玄空三鑑奧義匯鈔　合刊	【清】曾懷玉等	
78	元空法鑑心法	【清】曾懷玉等	
79	曾懷玉增批蔣徒傳天玉經補註【新修訂版原（彩）色本】	【清】項木林、曾懷玉	
80	地理學新義	【民國】俞仁宇撰	揭開連城派風水之秘
81	地理辨正揭隱（足本）　附連城派秘鈔口訣	【民國】王邈達	
82	趙連城傳地理秘訣附雪庵和尚字字金	【明】趙連城	
83	趙連城秘傳楊公地理真訣	【明】趙連城	
84	地理法門全書	仗溪子、芝罘子	巒頭風水，內容簡核、深入淺出
85	地理方外別傳	【清】熙齋上人	巒頭形勢、「望氣」「鑑神」
86	地理輯要	【清】余鵬	集地理經典之精要
87	地理秘珍	【清】錫九氏	巒頭、三合天星，圖文並茂
88	《羅經舉要》附《附三合天機秘訣》	【清】賈長吉	清鈔孤本羅經、三合訣法圖解
89-90	嚴陵張九儀增釋地理琢玉斧巒	【清】張九儀	清初三合風水名家張九儀經典清刻原本！

91	地學形勢摘要	心一堂編	形家秘鈔珍本
92	《平洋地理入門》《巒頭圖解》合刊	【清】盧崇台	平洋水法、形家秘本
93	《鑒水極玄經》《秘授水法》合刊	【唐】司馬頭陀、【清】鮑湘襟	千古之秘，不可妄傳匪人
94	平洋地理闡秘	心一堂編	雲間三元平洋形法秘鈔珍本
95	地經圖說	【清】余九皋	形勢理氣、精繪圖文
96	司馬頭陀地鉗	【唐】司馬頭陀	流傳極稀《地鉗》
97	欽天監地理醒世切要辨論	【清】欽天監	公開清代皇室御用風水真本
三式類			
98－99	大六壬尋源二種	【清】張純照	六壬入門、占課指南
100	六壬教科六壬鑰	【民國】蔣問天	由淺入深，首尾悉備
101	壬課總訣	心一堂編	過去術家不外傳的珍稀六壬術秘鈔本
102	六壬秘斷	心一堂編	
103	大六壬類闡	心一堂編	
104	六壬秘笈——韋千里占卜講義	【民國】韋千里	六壬入門必備
105	壬學述古	【民國】曹仁麟	依法占之，「無不神驗」
106	奇門揭要	心一堂編	集「法奇門」、「術奇門」精要
107	奇門行軍要略	【清】劉文瀾	條理清晰、簡明易用
108	奇門大宗直旨	劉毗	天下孤本 首次公開
109	奇門三奇干支神應	馮繼明	虛白廬藏本《秘藏遁甲天機》
110	奇門仙機	題【漢】張子房	奇門不傳之秘 應驗如神
111	奇門心法秘纂	題【漢】韓信（淮陰侯）	
112	奇門廬中闡秘	題【三國】諸葛武侯註	
選擇類			
113－114	儀度六壬選日要訣	【清】張九儀	清初三合風水名家張九儀擇日秘傳
115	天元選擇辨正	【清】一園主人	釋蔣大鴻天元選擇法
其他類			
116	述卜筮星相學	【民國】袁樹珊	民初二大命理家南袁北韋
117－120	中國歷代卜人傳	【民國】袁樹珊	南袁之術數經典